LITTRÉ

Références

GRAMMAIRE ANGLAISE

Avec la collaboration de :

Sophie Prunès-Uruen

docteur et agrégée d'

Isabelle B

rue des écoles

Dépôt légal : juillet 2014
ISBN : 978-2820-803-40-5
Achevé d'imprimer en Italie par Stige, en juin 2014.

Avant-propos

Cet ouvrage peut être abordé de deux façons : tout d'abord, nous pouvons conseiller au lecteur un unique parcours à travers cette grammaire, depuis son début jusqu'à son terme, lui permettant de se construire une vue précise et progressive de la langue. Cette lecture est enrichissante et offre la possibilité au lecteur d'atteindre à une maîtrise de la grammaire et de la syntaxe anglaise. C'est pourquoi nous y abordons d'abord la question de la construction de la phrase, puis du groupe verbal, et enfin du groupe nominal. La langue anglaise s'y déroule peu à peu, prend forme et se construit. Mais cette grammaire dispose d'un autre atout, qu'elle doit à la spécificité même de la langue anglaise et qu'elle illustre par son format de poche. L'anglais en effet, tandis qu'il a donné l'une des plus belles littératures au monde, est avant tout une langue de communication. Ainsi, si votre priorité est de pouvoir au plus vite communiquer, vous pouvez choisir d'utiliser cette grammaire de poche comme un guide de conversation, en vous référant, au gré des situations, à ses nombreuses fiches de grammaire, à son lexique des mots de la vie quotidienne ou à son index, en fonction de la partie de votre discours qui demande éclaircissement ou des questions que vous serez amené à vous poser. Cette grammaire par conséquent vous deviendra rapidement un outil indispensable qui répondra aussi bien à votre désir d'apprendre l'anglais, ou de vous perfectionner, qu'à celui d'obtenir une aide immédiate et efficace à la communication.

Enjoy it!

Phonétique

Voyelles brèves		Voyelles longues	
[ɪ]	*British, switch*	[iː]	*mean, sheep*
[e]	*pet, rest*	[ɑː]	*barn, farm*
[æ]	*cat, black*	[ɔː]	*born, poor*
[ɒ]	*dog, mock*	[uː]	*suit, cute*
[ʊ]	*put, should*	[ɜː]	*burn, learn*
[ʌ]	*button, incrust*		
[ə]	*the, other*		

Diphtongues		Consonnes	
[eɪ]	*basic, snail*	[θ]	*thread, thin*
[aɪ]	*buy, fight*	[ð]	*those, therefore*
[ɔɪ]	*toy, boil*	[z]	*lose, hands*
[əʊ]	*no, goes*	[ʃ]	*short, negotiation*
[aʊ]	*now, tower*	[ʒ]	*pleasure, treasury*
[ɪə]	*peer, dear*	[tʃ]	*chain, cherry*
[eə]	*pair, dare*	[dʒ]	*joke, journalist*
[ʊə]	*tourist, brewery*	[ŋ]	*long, charming*
		[j]	*yet, yard*
		[w]	*wet, world*

Sommaire

LA PHRASE

La construction de la phrase

→ Testez-vous 1 à 16

1 La phrase affirmative

Construction

En anglais, le verbe s'accorde avec le sujet. Cependant, contrairement au français où les formes des verbes sont nombreuses selon les personnes, les formes et les modes, chaque verbe en anglais n'admet que quelques formes.

Au présent, il prend un *-s* à la 3e personne du singulier du présent simple.

Ex. : *work* (travailler) : *I/ you/ we/ they work* mais *he/ she/ it works.*
Live (vivre, habiter) : *I/ you/ we/ they live* mais *he/ she/ it lives.*

Il existe cependant quelques irrégularités orthographiques :

- *Have* (auxiliaire de conjugaison ou verbe « avoir ») : *I/you/we/they* ***have*** mais *he/ she/ it* **has**
- Les verbes ou auxiliaires de conjugaison dont le radical se termine par *-o*.

Ex. : *do* (auxiliaire de conjugaison ou verbe « faire ») : *I/ you/ we/ they* ***do*** mais *he/ she/ it* ***does.***
Go (aller) : *I/ you/ we/ they* ***go*** mais *he/ she/ it* ***goes.***

- Les verbes dont le radical se termine par le son [ch] ou [s] : on ajoute *-es* au radical afin de faciliter la prononciation qui devient [iz].

Ex. : *catch* (attraper, comprendre) : *I/ you/ we/ they catch* mais *he/ she/ it catch**es.***
Miss (manquer) : *I/ you/ we/ they miss* mais *he/ she/ it miss**es.***

Be au présent simple est irrégulier :

*I **am**, you **are**, he/ she/ it **is**, we **are**, they **are**.*

Au prétérit simple, les verbes ne s'accordent pas avec le sujet : ils ne varient pas en nombre.

Les verbes réguliers ne prennent qu'une forme : au prétérit et au participe passé on ajoute *-ed* au radical du verbe.

Ex. : *talk* (parler) : *talk**ed*** ; *watch* (regarder) : *watch**ed**.*

Les verbes irréguliers admettent une ou deux formes différentes au prétérit et au participe passé (cf. liste des verbes irréguliers p. 150).

Ex. : *understand* (comprendre) : *understood* ; *think* (penser) : *thought* ; *meet* (rencontrer) : *met.*

Mais : *give* (donner) : *gave/given* ; *eat* (manger) : *ate/eaten* ; *write* (écrire) : *wrote/written.*

Be est un cas particulier car il s'accorde en nombre avec le sujet. Au prétérit, il devient ***was*** au singulier et ***were*** au pluriel. Son participe passé est ***been*** à toutes les personnes.

Ex. : *When she **was** young, she **was** very good at maths.*

(Quand elle était jeune, elle était très bonne en maths.)

*The train drivers **were** on strike yesterday.*

(Les conducteurs de trains étaient en grève hier.)

Aux autres temps, qui sont tous des temps composés (auxiliaire de conjugaison + verbe), c'est l'auxiliaire de conjugaison (*have*, *be)* qui s'accorde avec le sujet.

Ex. : *He **is** writing a report.* (Il écrit un compte-rendu.)

*They **have been** ill for two days.*

(Ils sont malades depuis deux jours.)

Remarque

Les auxiliaires *have* et *be* peuvent se contracter : *have* en *'ve*, *has* en *'s*, *is* en *'s*, *are* en *'re*.

« Moi aussi »

Le *tag* du type « moi aussi », « toi aussi », « lui aussi », etc. s'emploie après une phrase affirmative. Il se construit de la façon suivante : *so* + reprise de l'auxiliaire de conjugaison à la forme affirmative + sujet.

Ex. : *He **likes** rugby. **So does** his wife.*
(Il aime le rugby. Sa femme aussi.)
*They **had** already met the new CEO. **So had** their colleagues.*
(Ils avaient déjà rencontré le nouveau PDG. Leurs collègues aussi.)

2 La phrase négative

Construction

Dans une phrase négative, on a toujours recours à un auxiliaire de conjugaison (*have*, *be*, *do*), même lorsque le temps du verbe est un temps simple, ou à un auxiliaire modal (cf. fiches 21 à 28).
En effet, la négation ne peut être portée que par un auxiliaire.

La négation anglaise est *not* (que l'on contracte en *n't*). On considère qu'une phrase est de forme négative si elle contient la négation *not*.

Ex. : *You are**n't** listening to me!* (Vous ne m'écoutez pas !)
*I **hadn't** seen that film for years!*
(Je n'avais pas revu ce film depuis des années !)
*I **don't** agree with you.* (Je ne suis pas d'accord avec toi.)

L'ordre des mots est le suivant : sujet + auxiliaire + *not* + verbe.

Ex. : *John speaks Italian.* (John parle italien.) devient : *John* ***doesn't*** *speak Italian.* (John ne parle pas italien.)

Why did you wait for her? (Pourquoi l'as-tu attendue ?) devient : *Why* ***didn't*** *you wait for her?* (Pourquoi ne l'as-tu pas attendue ?)

Please, come in! (Entrez, je vous en prie.) devient : *Please,* ***don't*** *come in!* (N'entrez pas, s'il vous plaît !)

Une phrase négative ne peut comporter qu'une seule négation.

Comparer ces exemples :

*He does**n't** drink alcohol.* (Il ne boit pas d'alcool.)

He ***never*** *drinks alcohol.* (Il ne boit jamais d'alcool.)

*She has**n't** come.* (Elle n'est pas venue.)

Nobody *has come.* (Personne n'est venu.)

Not... any more (ou *anymore*)

Lorsqu'une phrase négative se termine par *any more*, cela indique qu'une chose était vraie mais ne l'est plus.

Ex. : *You* ***can't*** *park here* ***any more.***

(On ne peut plus se garer ici.)

Don't *do it* ***anymore!***

(Ne recommence pas !)

I ***couldn't*** *trust her* ***any more.***

(Je ne pouvais plus lui faire confiance.)

« Moi non plus »

Le *tag* du type « moi non plus », « toi non plus », « lui non plus », etc. s'emploie après une phrase négative. Il se construit de la façon suivante : ***neither*** + reprise de l'auxiliaire de conjugaison à la forme affirmative + sujet.

Ex. : *My son **doesn't** like brocolis. **Neither do** I.*
(Mon fils n'aime pas les brocolis. Moi non plus.)
*She **can't** swim. **Neither can** her husband.*
(Elle ne sait pas nager. Son mari non plus.)
*They **have never** visited Iceland. **Neither have** we.*
(Ils n'ont jamais visité l'Islande. Nous non plus.)

3 La phrase interrogative

Construction

Dans une phrase interrogative, on a toujours recours à un auxiliaire de conjugaison (*have*, *be*, *do*), même lorsque le temps du verbe est un temps simple, ou à un auxiliaire modal (cf. pp 54 à 62).

Dans les **questions fermées** (celles auxquelles on répond par « oui » ou par « non »), l'ordre des mots est le suivant : auxiliaire + sujet + verbe.

Ex. : ***Are** you listening to me?* (M'écoutez-vous ?)
***Can** Judith play the piano?* (Judith sait-elle jouer du piano ?)
***Do** you want a coffee?* (Voulez-vous un café ?)

Dans les **questions ouvertes** (celles qui commencent par un mot interrogatif) ou *wh-questions*, l'ordre des mots est : mot interrogatif + auxiliaire + sujet + verbe.

Ex. : ***Where** has Harry gone?* (Où est passé Harry ?)
***How far** is Paris from Madrid?*
(À quelle distance est Paris de Madrid ?)
***When** did you email the report?*
(Quand as-tu envoyé le rapport par e-mail ?)

Les cas particuliers

• Lorsque la question ouverte porte sur le sujet, il n'est plus possible de respecter l'ordre mot interrogatif + auxiliaire + sujet + verbe, puisque le sujet est manquant. La question commence alors par le mot interrogatif, qui sert de sujet au verbe, suivi du reste de la phrase à la forme déclarative.

Ex. : *Who* ***wrote this novel****?* (Qui a écrit ce roman ?)

Which ***meeting begins first****?* (Quelle réunion débute en premier ?)

Who ***speaks English****?* (Qui parle anglais ?)

• Les questions dont le verbe est *be*. On effectue dans ce cas une inversion sujet-verbe.

Ex. : ***Is she*** *married?* (Est-elle mariée ?)

Are they *in New York at the moment?*

(Sont-ils à New York en ce moment ?)

• Les questions indirectes

Elles sont introduites par des verbes comme *know* (savoir), *wonder* (se demander), *discuss* (discuter) ou par d'autres verbes introducteurs au discours indirect (cf. p. 72). L'ordre des mots suivant ces verbes redevient celui d'une phrase déclarative.

Ex. : *They are discussing* ***if they should open on Sundays****.*

(Ils discutent de la possibilité d'ouvrir ou non le dimanche.)

I don't know ***where he lives****.* (Je ne sais pas où il habite.)

Remarque

Lorsque la question indirecte est formée à partir d'une question fermée, elle est introduite par *if/ whether* (si) : *if they should open on Sundays*. Lorsqu'elle est formée à partir d'une question ouverte, elle est introduite par le mot interrogatif de la question d'origine : *where he lives*.

Les phrases interro-négatives

Une phrase interro-négative est une question qui se construit à l'aide d'un verbe à la forme négative. En posant une question à la forme interro-négative, on attend généralement une réponse positive.

Ex. : ***Don't*** *you think she looks like her mother?*
(Ne pensez-vous pas qu'elle ressemble à sa mère ?)
Couldn't *he help you?* (Ne pouvait-il pas t'aider ?)

Les verbes suivis d'une préposition

Lorsqu'un verbe est suivi d'une préposition, celle-ci est renvoyée à la fin de la phrase.

Ex. : ***Who*** *were you talking* ***to****?* (À qui étais-tu en train de parler ?)
You've got a lot of luggage. ***Where*** *are you coming* ***from****?*
(Vous avez beaucoup de bagages. D'où arrivez-vous ?)
What *did she go to Cambridge* ***for****?*
(Pourquoi est-elle allée à Cambridge ?)

Les mots interrogatifs

On dénombre huit mots interrogatifs :

What (quel/quelle/quels/quelles ; que)

What peut être utilisé seul ou directment suivi du nom qu'il complète.

Ex. : *What books do you need?* (Quels livres vous faut-il ?)
What time is it? (Quelle heure est-il ?)
What is happening? (Que se passe-t-il ?)

Which (lequel/laquelle/lesquels/lesquelles ; quel/quelle/quels/quelles)

Which est directement suivi du nom qu'il complète.

Ex. : *Which terminal are you arriving at?*
(À quel terminal arrives-tu ?)

Whose (À qui)
Whose est directement suivi du nom qu'il complète.
Ex. : *Whose camera is this?* (À qui est cet appareil photo ?)

When (quand)
Ex. : *When did he resign?* (Quand a-t-il démissionné ?)

Where (où)
Ex. : *Where are you from?* (D'où venez-vous ?)

Who (qui)
Ex. : *Who were you talking to?* (À qui parlais-tu ?)

Why (pourquoi)
Ex. : *Why is he late?* (Pourquoi est-il en retard ?)
Why est parfois en concurrence avec *What… for. What… for* interroge sur le but et appelle une réponse à l'infinitif.
Ex. : *"What did you do that for?" "To bother you."*
(« Pourquoi as-tu fait ça ? » « Pour t'embêter. »)

How (comment)
Ex. : *How are you?* (Comment allez-vous ?)

Le mot interrogatif *how* admet de nombreux composés, dont :
- *How often* pour exprimer la fréquence d'une action. On attend alors une réponse exprimant cette fréquence.
Ex. : *How often do you travel for work?* (Voyagez-vous souvent pour le travail ?) *Every two months.* (Tous les deux mois.)

• *How much/ how many* (combien). *How much* est suivi d'un nom indénombrable, *how many* est suivi d'un nom dénombrable pluriel (cf. p. 120).

Ex. : *How much does it cost?* (Combien cela coûte-t-il ?)
How many children have you got?
(Combien d'enfants avez-vous ?)

• *How long* (combien de temps/depuis combien de temps)
Ex. : *How long did you live in Warsaw?*
(Combien de temps avez-vous vécu à Varsovie ?)
How long have you been here?
(Depuis combien de temps êtes-vous ici ?)

• *How* + adjectif indiquant une mesure
Ex. : *How old are you?* (Quel âge avez-vous ?)
How tall is he? (Combien mesure-t-il ?)
How high is this building? (Quelle est la hauteur de ce bâtiment ?)
How far is the station from the company?
(À quelle distance est la gare de l'entreprise ?)

Les réponses courtes

On répond souvent aux questions fermées par des réponses courtes.

Ces réponses sont de deux types :

• *Yes* + reprise du sujet par un pronom personnel sujet + reprise de l'auxiliaire à la forme affirmative.

Ex. : *"Do you like tea?" "Yes, I do."*
(« Aimez-vous le thé ? » « Oui. »)
"Did you watch TV yesterday?" "Yes, I did."
(« As-tu regardé la télé hier ? » « Oui. »)

"Have you read the agenda?" "Yes, I have."
(« Avez-vous lu l'ordre du jour ? » « Oui. »)

• *No* + reprise du sujet par un pronom personnel sujet + reprise de l'auxiliaire à la forme négative.

Ex. : *"Did you enjoy your holidays?" "No, we didn't."*
(« Avez-vous apprécié vos vacances ? » « Non. »)
"Are you reading this newspaper?" "No, I'm not."
(« Lisez-vous ce journal ? » « Non. »)
"Will she call him back?" "No, she won't."
(« Va-t-elle le rappeler ? » « Non. »)

On peut aussi, plutôt que de répondre par « oui » ou par « non », nuancer sa réponse en exprimant un degré de certitude ou une appréciation personnelle.
Les réponses comportent alors l'adverbe *so*. Par exemple : *I think so* (je crois), *I guess so* (je suppose), *I hope so* (j'espère), *I'm afraid so* (je le crains), etc.

Ex. : *"Do they intend to get divorced?" "I'm afraid so."*
(« Envisagent-ils de divorcer ? » « Je le crains. »)

Les *question tags*

Un *question tag* permet de terminer une phrase moins brutalement et de manière interrogative.
Il se construit ainsi : reprise de l'auxiliaire + reprise du sujet par un pronom personnel sujet.
La polarité du *question tag* est opposée à celle de la phrase qu'il vient terminer :

- Si cette phrase est affirmative, alors le *question tag* est de forme négative.

  Ex. : *It **was** very windy yesterday, **wasn't** it?*
  (Il y a eu beaucoup de vent hier, n'est-ce pas ?)
  *You **like** it, **don't** you?* (Ça te plaît, non ?)
  *Ted **has** his driving license, **doesn't** he?*
  (Ted a son permis de conduire, n'est-ce pas ?)

- Si cette phrase est négative, alors le *question tag* est à la forme affirmative.

  Ex. : *They **won't** go to the conference, **will** they?*
  (Ils n'iront pas à la conférence, n'est-ce pas ?)
  *You **didn't** think I was going to forgive you, **did** you?*
  (Tu ne pensais tout de même pas que j'allais te pardonner ?)
  *You **don't** know Alice, **do** you?*
  (Vous ne connaissez pas Alice, n'est-ce pas ?)

Emplois particuliers

On trouve parfois le *tag* ***will you?*** après un verbe à l'impératif, à la 2e personne. Il permet d'atténuer l'ordre et peut se traduire par « s'il te plaît/ s'il vous plaît ».

Ex. : *Close the window, **will you**?*
(Ferme la fenêtre, s'il te plaît.)

On trouve aussi parfois le *tag* ***shall we?*** après un verbe à l'impératif, à la 1re personne. Il permet de renforcer la suggestion.

Ex. : *Let's go now, **shall we**?*
(Allons-y maintenant, voulez-vous ?)

4 There is/ there are

La tournure *there* + *be* traduit « il y a » dans son sens non temporel. *Be* se conjugue à tous les temps dans sa forme simple, et s'accorde en **nombre** avec le groupe nominal qui suit :

- *There is* + groupe nominal singulier

  Ex. : *There* ***is a ball*** *on the roof.*

  (Il y a un ballon sur le toit.)

  There ***hasn't been any*** *riots recently.*

  (Il n'y a pas eu d'émeutes récemment.)

- *There are* + groupe nominal pluriel

  Ex. : ***Are*** *there* ***any castles*** *in Sicily?*

  (Y a-t-il des châteaux en Sicile ?)

  There ***were three*** *hens on the road.*

  (Il y avait trois poules sur la route.)

Remarque

Si la tournure *there* + *be* est suivie de plusieurs groupes nominaux coordonnés, le verbe *be* s'accorde en nombre avec le premier.

Ex. : *There* ***is a notebook and a pen*** *on the desk.*

(Il y a un cahier et un stylo sur le bureau.)

5 *La phrase exclamative*

Construction

La construction des phrases exclamatives et des mots exclamatifs diffèrent selon que l'exclamation porte sur un adjectif ou un adverbe, sur un nom ou un groupe nominal, ou sur un verbe.

Exclamation portant sur un adjectif ou un adverbe

Deux schémas sont possibles :

- ***how*** + adjectif ou adverbe (La phrase peut, dans ce cas, être une phrase sans sujet ni verbe.)

  Ex. : ***How** interesting!* (Comme c'est intéressant !)

  ***How** disappointed you look!* (Comme tu as l'air déçu !)

  ***How** well he played!* (Comme il a bien joué !)

- sujet + verbe + ***so*** + adjectif ou adverbe

  Ex. : *You're **so** talkative!*

  (Tu es tellement bavard !)

  *This meeting was **so** boring!*

  (Cette réunion était tellement ennuyeuse !)

Exclamation portant sur un nom ou un groupe nominal

Deux schémas sont possibles :

- ***what*** [*a/ an*] + groupe nominal

  Ex. : ***What an** amazing story!* (Quelle histoire étonnante !)

  ***What** adorable children!* (Quels enfants adorables !)

- sujet + verbe + ***such*** [*a/ an*] + groupe nominal

  Ex. : *My husband is **such** a helpful man!*

  (Mon mari est un homme si serviable !)

Exclamation portant sur un verbe

Deux schémas sont possibles :

- ***how/how much*** + sujet + verbe

  Ex. : ***How** he snores!* (Comme il ronfle !)

  ***How much** they cried when they saw this movie!*

  (Comme ils ont pleuré quand ils ont vu ce film !)

- sujet + verbe + ***so much***

  Ex. : *He lies **so much**!* (Il ment tellement !)

6 La phrase complexe

Une phrase complexe consiste en l'assemblage d'une proposition principale avec d'autres types de propositions. Ces propositions peuvent être de différentes sortes : les propositions en V-*ing*, les propositions infinitives et les propositions subordonnées relatives.

Les propositions en V-*ing*

Dans certaines propositions, le verbe est à la forme en V-*ing*.
Elles complètent des verbes qui expriment, selon le cas :

- une perception (*see*, *hear*, etc.) ;

  Ex. : *We can hear **the children laughing** in the garden.*
  (Nous entendons les enfants rire dans le jardin.)
  *I didn't see **the truck leaving** the warehouse.*
  (Je n'ai pas vu le camion quitter l'entrepôt.)
  *Can you feel **the wind blowing** into the house?*
  (Sens-tu le vent entrer dans la maison ?)

Remarque

Les verbes de perception peuvent également être suivis de la base verbale. Dans ce cas, l'action n'est plus envisagée à un moment précis (comme avec la forme en V-*ing*) mais dans sa globalité.

Ex. : *I saw **the old lady cross** the street.*
(J'ai vu la vieille dame traverser la rue.) → de bout en bout.

- un processus mental, avec des verbes comme *acknowledge* (admettre, reconnaître), *remember* (se rappeler), *imagine* (imaginer), etc.

  Ex. : *Can you* ***imagine her working*** *in a hospital?*
  (Tu l'imagines travailler dans un hôpital ?)
  I ***remember her going*** *to university for the first time.*
  (Je me souviens d'elle allant à l'université pour la première fois.)

Remarque

Les verbes comme *acknowledge*, *remember*, *imagine* peuvent également être suivis d'une proposition introduite par *that*.

Ex. : *I just can't imagine that they left New York to work on a farm!* (Je ne peux pas imaginer qu'ils ont quitté New York pour aller travailler dans une ferme !)

Les propositions infinitives

Dans une proposition infinitive, le verbe est à la forme *to* + base verbale.

Ex. : *I want* ***you to be*** *back before dark.*
(Je veux que tu sois de retour avant la nuit.)
Why didn't he ***ask us to come****?*
(Pourquoi est-ce qu'il ne nous a pas demandé de venir ?)

Les propositions infinitives complètent des verbes qui expriment, selon le cas :

- l'invitation à l'action ;

  Ex. : *The description he had made of the scenery* ***tempted us to go and visit*** *this country.* (La description qu'il avait faite du paysage nous incita à aller visiter ce pays.)

You won't ***persuade me to tell*** *him the truth.*
(Tu ne me persuaderas pas de lui dire la vérité.)
Don't ***ask me to do*** *it for you!*
(Ne me demande pas de le faire à ta place !)

Citons d'autres verbes appartenant à cette catégorie : *invite* (inviter), *encourage* (encourager), *advise* (conseiller), *warn* (avertir), *urge* (pousser), *challenge* (défier), *beg* (supplier), *implore* (implorer), etc.

- la préférence, la volonté, l'ordre ;

  Ex. : *The storm* ***caused the river to overflow.***
  (La tempête a fait déborder la rivière.)
  I want ***you to stop*** *behaving like that!*
  (Je veux que tu cesses de te conduire de cette façon !)

Citons d'autres verbes appartenant à cette catégorie : *dislike* (ne pas aimer), *hate* (détester), *wish* (souhaiter), *order* (ordonner), *compel/oblige* (obliger), *force* (forcer), *forbid* (interdire), etc.

- l'opinion, la déclaration ;

  Ex. : *The chairman* ***forbade her to leave*** *the meeting.*
  (Le président lui a interdit de quitter la réunion.)
  I ***consider my team to be*** *reliable.*
  (Je considère mon équipe comme étant digne de confiance.)

Citons d'autres verbes appartenant à cette catégorie : *believe* (croire), *report* (rapporter), *deny* (nier), *prove* (prouver), *show* (montrer), etc.

• l'attente.

Ex. : *Don't **expect him to be** sympathetic.*

(Ne t'attends pas à ce qu'il se montre compatissant.)

***I'm waiting for the Human Resources manager to give** me an answer.*

(J'attends que le responsable des Ressources Humaines me donne une réponse).

Les propositions subordonnées relatives

Une proposition subordonnée relative est introduite par un pronom relatif (cf. p. 101). Elle apporte une précision sur le nom (ou le pronom) auquel elle se rapporte.

On distingue deux sortes de propositions subordonnées relatives :

• Les **déterminatives**, qui apportent une précision essentielle.

Ex. : *She's the woman **who sang so well last night**.*

(C'est la femme qui chantait si bien hier soir.)

*The building **that** you can see on your right is the highest in the town.*

(Le bâtiment que vous pouvez voir sur votre droite est le plus haut de la ville.)

*The bus **which** is there will drive you straight to the city centre.*

(Le bus qui est là vous conduira directement au centre ville.)

• Les **appositives**, qui apportent une précision facultative et qui sont placées entre deux virgules.

Ex. : *My best friend, **who now lives in Sydney**, has invited me for the summer holidays.*

(Mon meilleur ami, qui vit à présent à Sydney, m'a invitée pour les grandes vacances.)

*This company, **which was created thirty years ago**, has just gone bankrupt.*
(Cette entreprise, qui a été créée il y a trente ans, vient de faire faillite.)
*These windmills, **which have been here for a few years**, are considered by the population to be very noisy.*
(Ces éoliennes, qui sont là depuis quelques années, sont considérées par la population comme étant très bruyantes.)

Remarque

Dans une proposition relative appositive, le pronom relatif ne peut ni être omis ni remplacé par *that*.

LE GROUPE VERBAL

Le présent

→ Testez-vous 17 à 30

7 *Le présent simple*

Formation

Pour former le présent simple d'un verbe, on utilise simplement la base verbale, à laquelle on ajoute la terminaison *-s* à la 3e personne du singulier.

Ex. : *They live in Mexico.* (Ils habitent Mexico.)

*This bus always arrive**s** with a ten-minute delay.*

(Ce bus arrive toujours avec dix minutes de retard.)

Dans une phrase interrogative et dans une phrase négative, on emploie l'auxiliaire ***do*** au présent simple : *do, does, don't, doesn't*.

Ex. : *John **doesn't** work on Saturdays.*

(John ne travaille pas le samedi.)

***Do** you often watch TV?*

(Regardez-vous souvent la télé ?)

Le verbe *be* est un cas particulier, car il s'utilise s'utilise sans auxiliaire à la forme négative et à la forme interrogative (pour sa conjugaison, cf. fiche 1).

Ex : *These customers **aren't** very demanding.*

(Ces clients ne sont pas très exigeants.)

Are you angry? (Êtes-vous en colère ?)

Emplois

Le présent simple est employé pour exprimer :

- une action qui se répète dans le temps

Ex. : *We **study** English **four times a week**.*
(Nous étudions l'anglais quatre fois par semaine.)
*I **get up** at 7 o'clock **every morning**.*
(Je me lève tous les matins à 7 heures.)

Dans ce cas, il peut être associé aux adverbes de fréquence (cf. fiche 50).

- une vérité générale
  Ex. : *The Earth **goes** round the Sun.*
  (La Terre tourne autour du Soleil.)
  *Nurses **look after** patients in hospital.*
  (Les infirmières s'occupent des patients à l'hôpital.)

- une situation permanente
  Ex. : *The library **closes** at 5 o'clock in the afternoon.*
  (La bibliothèque ferme à 17 h.)
  *Her parents **live** in Morocco.* (Ses parents vivent au Maroc.)

- un état
  Ex. : *She **comes from** Argentina.* (Elle vient d'Argentine.)
  *My brother **wants** to become a lawyer.*
  (Mon frère veut devenir avocat.)

Les verbes d'état

Certains verbes ne peuvent se conjuguer aux temps progressifs (*be* + V-*ing*). Ce sont les verbes d'état.

Les verbes d'état expriment :

- des émotions ;
  Ex. : *like* (aimer), *dislike* (ne pas aimer), *love* (aimer, adorer), *hate* (haïr), *fear* (craindre), *envy* (envier), etc.

- une idée abstraite ;

  Ex. : *be* (être), *exist* (exister), *believe* (croire), *know* (connaître, savoir), *need* (nécessiter, avoir besoin de), *understand* (comprendre), *remember* (se rappeler), *forget* (oublier), *think* (penser), *imagine* (imaginer), *mean* (signifier), etc.

- la perception ;

  Ex. : *feel* (se sentir, ressentir), *hear* (entendre), *see* (voir), *smell* (sentir, par l'odorat), *seem* (sembler), *taste* (sembler, au goût), *sound* (sembler, à l'oreille), etc.

- la possession.

  Ex. : *have* (avoir), *own/possess* (posséder), *belong* (appartenir) etc.

Attention

Certains de ces verbes, lorsqu'ils sont suivis d'une préposition, deviennent des verbes d'action et peuvent donc se conjuguer à la forme progressive. Ils prennent alors un sens différent.

Comparer les exemples suivants :

She looks tired. (Elle a l'air fatiguée.) et *These tourists are looking at the monument.* (Ces touristes regardent le monument.)
I don't think so. (Je ne pense pas.) et *What are you thinking about?* (À quoi penses-tu ?)

Have got/ have

Au présent simple, on peut utiliser *have got* ou *have* pour exprimer la possession.

Have got est une forme composée et ne nécessite donc pas l'utilisation de l'auxiliaire *do* aux formes négative et interrogative.

Ex. : *I'**ve got** a lot of friends.* (J'ai beaucoup d'amis.)
***Have** you **got** any friends?* (Avez-vous des amis ?)
*I **haven't got** any friends.* (Je n'ai pas d'amis.)

Have se construit comme les autres verbes, et nécessite donc l'utilisation de l'auxiliaire *do* aux formes négative et interrogative.

Ex. : *I **have** a few questions.* (J'ai quelques questions.)
***Do** you **have** any questions?* (Avez-vous des questions ?)
*I **don't have** any questions.* (Je n'ai pas de questions.)

À tous les temps autres que le présent simple, il n'est plus possible d'utiliser *have got*.

Certaines expressions avec *have* ne s'emploient pas avec *have got* au présent simple.

Ex. : *Have breakfast/ lunch/ dinner* (prendre son petit-déjeuner/ déjeuner/dîner) ; *have a cup of…* (prendre une tasse de…) ; *have a bath/ a shower* (prendre un bain/ une douche) ; *have a break/a rest/a holiday* (faire une pause/ prendre du repos/ prendre des vacances) ; *have a party* (faire la fête) ; *have an accident/ a dream* (avoir un accident/ faire un rêve) ; *have a look* (jeter un œil) ; *have a chat/a conversation/a discussion* (bavarder/avoir une conversation/ une discussion) ; *have fun/ have a good time* (s'amuser/ passer un bon moment) ; *have a baby* (accoucher).

Dans ces expressions, *have* n'exprime pas la possession et peut par conséquent se conjuguer aux formes progressives.

Be used to* + V-*ing

Pour exprimer une habitude dans le présent, on peut utiliser, outre le présent simple, l'expression *be used to* suivie de la base verbale à laquelle on ajoute la terminaison *-ing.* Elle sert à exprimer une action familière, qui n'est pas inhabituelle.

Comparer les exemples suivants :

I ***am used to working*** *a lot.* (J'ai l'habitude de beaucoup travailler.) → Cela n'a rien d'inhabituel. Et : *I work a lot.* (Je travaille beaucoup.) → Le locuteur exprime simplement un fait.

My son ***is used to cycling*** *to school.* (Mon fils a l'habitude d'aller à l'école en vélo.) → Il en a l'habitude, cela ne pose pas de problème (par exemple). Et : *My son cycles to school every day.* (Mon fils va tous les jours à l'école en vélo.) → C'est un fait.

8 *Le présent en* be + *V*-ing

Formation

Le présent en *be* + V-*ing* (ou présent progressif) est l'une des formes que peut prendre un verbe au présent. Il est formé de l'auxiliaire *be* au présent et de la base verbale à laquelle on ajoute la terminaison *-ing*.

Ex. : *The actors* ***are*** *rehears****ing****.* (Les acteurs sont en répétition).

*I'****m*** *not read****ing*** *this newspaper. You can have it.* (Je ne lis pas ce journal. Tu peux le prendre.)

Emplois

Le présent en *be* + V-*ing* sert à exprimer :

- une action qui est en train de se dérouler ;

  Ex. : *You* ***aren't listening*** *to me, are you?*

  (Tu ne m'écoutes pas, n'est-ce pas ?)

Please, don't make so much noise, I'm ***trying*** *to work.*
(Ne fais pas tant de bruit s'il te plaît, j'essaie de travailler.)
Is *it still* ***raining****?*
(Pleut-il toujours ?)

- une situation temporaire.

Ex. : *I'****m living*** *with my parents until I find a new flat.*
(Je vis avec mes parents jusqu'à ce que je trouve un nouvel appartement.)
*He works for TVS. I'****m working*** *for TVS too, but I'll quit soon.*
(Il travaille pour TVS. Je travaille aussi pour TVS, mais je vais bientôt partir.)

Le présent en *be* + V-*ing* peut également prendre une valeur de futur (cf. p. 48).

Le passé

→ Testez-vous 31 à 47

9 *Le prétérit simple*

Formation

Le prétérit simple des verbes réguliers se forme par l'ajout de la terminaison *-ed* à la base verbale. Le prétérit des verbes irréguliers doit, lui, être appris par cœur (cf. tableau p. 150).

Ex. : *Yesterday morning, I looked for my keys for two hours!*
(Hier matin, j'ai cherché mes clés pendant deux heures !)
*My neighbour **won** a trip to China.*
(Mon voisin a gagné un voyage en Chine.)

Dans une phrase interrogative et dans une phrase négative, on emploie l'auxiliaire *do* au prétérit simple : *did*, *didn't*, suivi de la base verbale.

Ex. : ***Did** you **sleep** well?* (As-tu bien dormi ?)
*They **didn't invite** Thomas to the party.*
(Ils n'ont pas invité Thomas à la fête.)

Le verbe ***be*** est un cas particulier, car il s'utilise sans auxiliaire à la forme négative et à la forme interrogative (pour sa conjugaison, cf. p.12).

Ex : ***Was** the weather good when you were on holidays?*
(Avez-vous eu beau temps pendant vos vacances ?)
*The sales figures **weren't** really satisfactory last year.*
(Les chiffres des ventes n'ont pas été très satisfaisants l'année dernière.)

Emplois

On emploie le prétérit simple pour exprimer :

- une action révolue, coupée du présent ;

Ex. : *When we **arrived**, we **lit** a fire and **played** music in the night.* (À notre arrivée, dans la nuit, nous avons allumé un feu et joué de la musique.)

*How many plays **did** Shakespeare **write**?*

(Combien de pièces Shakespeare a-t-il écrit ?)

*It **stopped** snowing for a while, but now it's snowing again.*

(Il s'est arrêté de neiger pendant un moment, mais maintenant la neige tombe à nouveau.)

- une action non réalisée ;

C'est le cas notamment après *if* traduisant l'hypothèse : c'est le deuxième conditionnel (cf. p. 64).

- dans des phrases exprimant le souhait avec le verbe *wish*

Ex. : ***I wish there was** less violence in films.*

(J'aimerais qu'il y ait moins de violence dans les films.)

***I wish I knew** Carla's phone number.*

(J'aimerais connaître le numéro de téléphone de Carla.)

Les indicateurs temporels

Dans une phrase au prétérit, on trouve souvent des indicateurs temporels qui traduisent la rupture avec le présent.

Ex. : *yesterday* (hier), *last month* (le mois dernier), *in October 2009* (en octobre 2009), etc.

Ago s'emploie toujours dans une phrase au prétérit car il fait référence à un moment révolu du passé. Il sert à traduire l'expression

« **il y a** » prise dans son sens temporel et se place toujours après l'expression de temps, que celle-ci se situe en tête de phrase ou à la fin.

Ex. : *Tom had a car accident* ***two years ago***. = ***Two years ago*** *Tom had a car accident.*

(Tom a eu un accident de voiture il y a deux ans.)

They landed ***thirty minutes ago****.*

(Ils ont atterri il y a trente minutes.)

Used to (do)

La tournure *used to* est utilisée pour exprimer une action régulière ou une habitude du passé qui est révolue. Dans une phrase affirmative, elle est suivie de la base verbale. Dans une phrase interrogative et dans une phrase négative, on emploie l'auxiliaire *do* au prétérit simple : *did, didn't*, suivi de *use to*.

Ex. : *They* ***used to live*** *in a big city, but now they live in a small village.* (Ils habitaient dans une grande ville, mais maintenant ils habitent un petit village.)

Did *Belinda* ***use to travel*** *a lot when she was a sales rep?* (Belinda voyageait-elle beaucoup quand elle était commerciale ?)

My son ***didn't use to eat*** *a lot of sweets when he was young.* (Mon fils ne mangeait pas beaucoup de bonbons quand il était jeune.)

10 *Le prétérit en be + V-ing*

Formation

Le prétérit en *be* + V-*ing* (ou prétérit progressif) est l'une des formes que peut prendre un verbe au prétérit. Il se compose de l'auxiliaire *be* au prétérit et de la base verbale à laquelle on ajoute la terminaison *-ing*.

Ex. : *We* ***were sleeping****!* (Nous dormions !)

*What **was** Kathy **doing** at midnight?*
(Que faisait Kathy à minuit ?)

Emplois

Le prétérit en *be* + V-*ing* est utilisé pour :

- évoquer une action passée, révolue, qui a été interrompue par une autre ;

  Ex. : *I **was writing** an e-mail when my computer broke down.*
  (J'étais en train d'écrire un e-mail lorsque mon ordinateur est tombé en panne.)
  *I **wasn't sleeping** when you called.*
  (Je ne dormais pas quand tu as appelé).

- faire des descriptions dans un récit au passé.

  Ex. : *The sun **was shining** and the children **were** quietly **playing** in the garden.*
  (Le soleil brillait et les enfants jouaient tranquillement dans le jardin.)
  *Everybody **was wearing** a suit and a tie.*
  (Ils portaient tous un costume et une cravate.)

11 Le present perfect *simple*

Formation

Le *present perfect* simple est formé de l'auxiliaire *have* au présent simple suivi du verbe au participe passé.

Ex. : *I **have bought** a new laptop.*
(J'ai acheté un nouvel ordinateur portable.)
***Have** you **seen** my purse?* (As-tu vu mon porte-monnaie ?)

Emplois

Le *present perfect* s'emploie :

• pour établir un lien entre le passé et le présent, c'est-à-dire pour exprimer une action passée qui a encore des conséquences au moment où l'on parle ;

Ex. : ***I've lost** my keys.* (J'ai perdu mes clés.) = J'ai perdu mes clés à un moment du passé qu'il n'est pas important de préciser, mais le résultat est là : je ne peux pas rentrer chez moi (par exemple).

***I've cut** my finger! It's bleeding.*

(Je me suis coupé le doigt ! Il saigne.)

*The road is closed. There**'s been** an accident.*

(La route est fermée. Il y a eu un accident.)

• pour dresser un bilan d'expériences passées ;

Ex. : *The company **has made** lots of profits this year.*

(L'entreprise a réalisé beaucoup de bénéfices cette année.)

***I've had** a very interesting career : I**'ve met** lots of people and I**'ve travelled** all around the world.*

(J'ai eu une carrière très intéressante : j'ai rencontré beaucoup de gens et j'ai voyagé dans le monde entier.)

• pour exprimer une action qui dure toujours au moment où l'on parle. On utilise dans ce cas ***how long*** (depuis combien de temps) dans les questions et ***for*** ou ***since*** (depuis) dans les phrases affirmatives et négatives.

Ex. : *My mother **has been** a teacher **for** 20 years.*

(Ma mère enseigne depuis 20 ans.)

*We **haven't been** to the theatre for months!*

(Cela fait des mois que nous ne sommes pas allés au théâtre !)

***How long has** she **been** in India? She'**s been** there **since** April.*
(Depuis combien de temps est-elle en Inde ? Elle y est depuis le mois d'Avril.)

Attention :

For est suivi d'une expression exprimant la durée : *for a week* (depuis une semaine), *for three hours* (depuis trois heures), *for a while* (depuis quelque temps), *for ages* (depuis très longtemps), etc.
Since est suivi d'une expression indiquant un moment dans le temps : *since last week* (depuis la semaine dernière), *since three pm* (depuis 15 h), *since 2010* (depuis 2010), *since I was a child* (depuis mon enfance), etc.

Les indicateurs temporels

Le *present perfect* se trouve souvent associé à des indicateurs temporels qui évoquent :

- un lien entre le passé récent et le présent ;
  Par exemple : *just* (juste), *recently* (récemment), *lately* (dernièrement), etc.
  Ex. : *I've **just** seen a ghost!*
  (Je viens de voir un fantôme !)

- la continuité d'une action jusqu'à maintenant.
  Par exemple : *so far* (jusqu'à maintenant), *over the last ten years* (ces dix dernières années), etc.
  Ex. : *He has scored a lot of goals **over the last two weeks**.*
  (Il a marqué beaucoup de buts ces deux dernières semaines.)

• *Ever/ never*

Ever s'emploie dans les phrases interrogatives et *never* dans les phrases négatives.

Ex. : *Have you* ***ever*** *met a famous writer?*

(Avez-vous déjà rencontré un écrivain célèbre ?)

They've ***never*** *heard about that.*

(Ils n'ont jamais entendu parler de cela.)

• *Yet/ not yet ; already*

Not... yet s'emploie dans les phrases négatives et *yet* dans les phrases interrogatives.

Ex. : *Have your guests arrived* ***yet****?*

(Vos invités sont-ils déjà arrivés ?)

I've written the letter, but I ***haven't*** *sent it* ***yet****.*

(J'ai écrit la lettre, mais je ne l'ai pas encore envoyée.)

Already s'emploie surtout dans les phrases affirmatives.

Ex. : *"Don't forget to send the letter." "I've* ***already*** *sent it."*

(« N'oublie pas d'envoyer la lettre. » « Je l'ai déjà envoyée. »)

12 Le present perfect *en* be + *V*-ing

Formation

Le *present perfect* en *be* + V-*ing* ou *present perfect* progressif, est l'un des aspects que peut prendre un verbe au *present perfect.* Il se compose de l'auxiliaire *be* au *present perfect* et de la base verbale à laquelle on ajoute la terminaison *-ing*.

Ex. : *They****'ve been looking*** *for you for the last half hour.*

(Cela fait une demi-heure qu'ils te cherchent.)

How long ***has*** *he* ***been swimming****?*

(Depuis combien de temps nage-t-il ?)

Emplois

Le *present perfect* progressif s'utilise pour :

- insister sur l'activité en elle-même, par opposition au *present perfect* simple qui sert à insister sur le résultat présent d'une action passée ;

  Ex. : *I've **been gardening** all day.*

  (J'ai jardiné toute la journée.) → Le locuteur insiste sur le fait qu'il a jardiné, et non sur le résultat du jardinage.

- exprimer une action qui vient juste de prendre fin et dont on constate encore les effets.

  Ex. : *You're out of breath. **Have** you **been running**?*

  (Tu es essoufflé. Tu viens de courir ?)

  *The children are covered with mud. What **have** they **been doing**?*

  (Les enfants sont couverts de boue. Qu'ont-ils bien pu faire ?)

Le *present perfect* progressif s'utilise également avec ***for*** et ***since***.

  Ex. : *He's been swimming **for** two hours.*

  (Il nage depuis deux heures.)

13 Le past perfect *simple*

Formation

Le *past perfect* simple se forme à l'aide de l'auxiliaire *have* au prétérit (*had* à toutes les personnes) suivi du participe passé du verbe.

  Ex. : *We **had** never **visited** the British Museum before.*

  (Nous n'avions jamais visité le British Museum auparavant.)

Emploi

Le *past perfect* simple permet de marquer une antériorité par rapport à un moment du passé. Il se traduit le plus souvent par un plus-que-parfait français.

Ex. : *When Peter arrived, the children* ***had*** *already* ***gone*** *to bed.* (Quand Peter est arrivé, les enfants étaient déjà allés se coucher.)
Had *he ever* ***flown*** *before?* (Avait-il déjà pris l'avion ?)

14 Le past perfect *en* be + *V*-ing

Formation

Le *past perfect* en *be* + V-*ing* (ou *past perfect* progressif) est l'un des aspects que peut prendre un verbe au *past perfect*. Il est formé de l'auxiliaire *be* au *past perfect* simple, suivi de la base verbale à laquelle on ajoute la terminaison *-ing.*

Ex. : *We* ***had been looking*** *forward to meeting her for months.* (Cela faisait des mois que nous espérions la rencontrer.)

Emplois

Le *past perfect* progressif s'utilise pour :

- insister sur l'activité en elle-même ;

  Ex. : *She was very tired when she got home. She* ***had been working*** *hard all day.* (Elle est rentrée chez elle très fatiguée. Elle avait travaillé dur toute la journée.)

- exprimer une continuité entre un moment du passé et un autre. Il s'emploie dans ce cas avec ***for*** et ***since***.

  Ex. : *We had been living in Boston* ***for*** *fifteen years before we moved to California.* (Nous habitions Boston depuis quinze ans quand nous avons déménagé pour la Californie.)

L'avenir

→ Testez-vous 48 à 57

En anglais, il n'y a pas de temps futur. Pour évoquer un événement qui n'a pas encore eu lieu, on a recours à différentes structures : l'auxiliaire modal *will*, le présent en *be* + V-*ing*, le présent simple ou encore l'expression *be going to.*

Le locuteur choisit parmi ces diverses structures selon qu'il souhaite préciser que l'action à venir a été programmée ou organisée avant le moment où l'on parle, ou que la décision est prise sur le moment.

15 Will

Formation

Will est un auxiliaire modal. Il est suivi de la base verbale. On utilise, à toutes les personnes, *will* dans les phrases interrogatives, *will* ou *'ll* dans les phrases affirmatives, *will not* ou *won't* dans les phrases négatives.

Ex. : *I'**ll** probably **be** in Italy this time next month.*
(Le mois prochain à la même date je serai probablement en Italie.)
*Brian **won't pass** the exam. He hasn't studied hard enough.*
(Brian ne réussira pas son examen. Il n'a pas assez étudié.)
*I don't want to take the bus. **Will** you **pick** me up at the station?*
(Je n'ai pas envie de prendre le bus. Viendras-tu me chercher à la gare ?)

Emplois

Will sert à exprimer :

- une décision prise sur le moment ;

  Ex. : *I've left the window open. I'**ll** go and shut it.*

  (J'ai laissé la fenêtre ouverte. Je vais aller la fermer.)

  *"What would you like to drink?" "I'**ll** have a coffee, please."*

  (« Que voulez-vous boire ? » « Je vais prendre un café, s'il vous plaît. »)

- une prédiction ;

  Ex. : *Gregory has been away for such a long time that he'**ll** find a lot of changes here when he comes back.*

  (Grégory est parti depuis si longtemps qu'il va trouver les choses bien changées en rentrant.)

  *One day you **will** meet a girl and you **will** fall in love.*

  (Un jour, tu rencontreras une fille et tu tomberas amoureux.)

- le caractère probable d'une action, habituellement avec des expressions telles que : ***probably, likely, unlikely, I think, I don't think, I expect, I wonder***, etc.

  Ex. : ***I expect*** *he* ***will*** *retire before long.*

  (Je pense qu'il va prendre sa retraite d'ici peu.)

  I wonder *what* ***will*** *happen.*

  (Je me demande ce qu'il va se passer.)

  Do you think *you'**ll** be home late tonight?*

  (Penses-tu que tu rentreras tard ce soir ?)

16 Le présent en be + V-ing

Formation

Cf. p. 36

Emploi

On utilise le **présent en *be* + V-*ing*** lorsque l'action évoquée a été programmée et organisée avant le moment où l'on parle.

Ex. : *I'm flying to Mumbai on Monday morning.*
(Lundi matin, je prends l'avion pour Bombay.)
When are you arriving? (Quand arrivez-vous ?)
She isn't working tomorrow. (Elle ne travaille pas demain.)

Le plus souvent, le verbe est accompagné d'indicateurs temporels précis comme ***tonight, tomorrow, on Saturday, next week, in a few months,*** etc.

17 Be going to

Formation

Be going to est formé de l'auxiliaire *be* au présent, suivi de *going to* et de la base verbale.

Ex. : *That food looks disgusting! **I'm not going to eat** it.* (Cette nourriture a l'air dégoûtante ! Je n'ai pas l'intention de la manger.)
***Are you going** to accept the job?* (Allez-vous accepter ce travail ?)

Emplois

Be going to sert à exprimer :

- une action qui a été programmée, décidée avant le moment où l'on parle, mais pas nécessairement encore organisée.

Ex. : *Next week, we**'re going to** hold a meeting in order to introduce the new project manager.* (La semaine prochaine, nous organiserons une réunion afin de présenter le nouveau chef de projet.)
*Juanita has won a lot of money. She**'s going to** buy a new car.*
(Juanita a gagné beaucoup d'argent. Elle va acheter une nouvelle voiture.)

• une prédiction : certains indices permettent, au moment où l'on parle, de prévoir l'action à venir.

Ex. : *Look at those dark clouds! It'**s going to** rain.*

(Regarde ces nuages noirs ! Il va pleuvoir.)

*I feel terrible. I think I'**m going to** faint.*

(Je me sens vraiment mal. Je pense que je vais m'évanouir.)

Remarque

Cet emploi de prédiction est parfois en concurrence avec l'expression *be about to* + base verbale, qui indique qu'une action est sur le point de s'accomplir.

Ex. : *The show **is about to** start.*

(Le spectacle est sur le point de commencer.)

18 Le présent simple

Formation

Cf. p. 32

Emploi

Le présent simple est un cas particulier d'expression du futur. Il s'utilise afin de parler d'horaires ou de programmes (transports, divertissements, conférences, etc.).

Ex. : *The plane **takes off** at 14.35.*

(L'avion décolle à 14 h 35.)

*What time **does** the programme **begin**?*

(À quelle heure commence l'émission ?)

The exhibition finishes on 17 June.

(L'exposition se termine le 17 juin.)

19 *Will et la modalité*

En tant qu'auxiliaire modal (cf. la modalité pp. 54 à 62), ***will*** exprime :

- la volonté, l'assentiment ;

  Ex. : ***Will*** *you help me?*

  (Voulez-vous m'aider ?)

  Will *you let me see the plans?*

  (Vous voudrez bien me montrer les plans ?)

- un refus, à la forme négative ;

  Ex. : *The car* ***won't*** *start.*

  (La voiture ne veut pas démarrer.)

  I ***won't*** *listen to this rumour.*

  (Je refuse d'écouter ces rumeurs.)

- une forte probabilité (en concurrence avec *must* : cf. fiche 26).

  Ex. : *You should ask him. He* ***will*** *know.*

  (Tu devrais lui demander, il doit le savoir.)

  You ***will*** *appreciate my reasons for refusing.*

  (Vous comprendrez sans aucun doute les raisons de mon refus.)

L'impératif

→ Testez-vous 58 à 65

20 *L'impératif*

Formation

Un verbe à l'impératif peut s'employer à la forme affimative et à la forme négative.

La forme affirmative

Pour former l'impératif à la 2e personne du singulier et du pluriel, on n'exprime pas le sujet et on emploie simplement la base verbale.

Ex. : ***Have*** *another cup of tea.*
(Prenez une autre tasse de thé.)
Come and see *what I've found.*
(Viens voir ce que j'ai trouvé.)

Aux autres personnes, l'impératif se forme avec l'auxiliaire ***let*** : *let* + complément + base verbale.

Ex. : ***Let's*** *[= let us]* ***go*** *for a walk.*
(Allons nous promener.)
Let them make *as much noise as they like.*
(Qu'ils fassent autant de bruit qu'ils le souhaitent.)

La forme négative

À la 2e personne du singulier et du pluriel, le verbe à l'impératif est précédé de ***don't***.

Ex. : ***Don't be*** *a fool!*
(Ne sois pas stupide !)

***Don't let** the children play outside.*
(Ne laissez pas les enfants jouer dehors.)

À la 1re personne du pluriel, l'impératif à la forme négative se compose de ***let's not*** et de la base verbale.

Ex. : ***Let's not** that **occur** again.*
(Faisons en sorte que cela ne se reproduise pas.)
***Let's not wait** for him.*
(Ne l'attendons pas.)

Emplois

L'impératif s'emploie :

- à la forme affirmative pour les suggestions, les directives, les ordres, les modes d'emploi et recettes, etc. ;

  Ex. : ***Add** the butter and the milk, **boil** for ten minutes.*
  (Ajouter le beurre et le lait, faire bouillir pendant dix minutes.)
  ***Let's have** a look in here.*
  (Voyons ce qu'il y a là-dedans.)

- à la forme négative pour les interdictions.

  Ex. : ***Don't fight** over this.*
  (Ne vous disputez pas pour cela.)
  ***Don't cheat**!*
  (Ne triche pas !)

La modalité

→ Testez-vous 66 à 81

21 Généralités

On dénombre neuf auxiliaires modaux : ***can, could, must, may, might, will*** (cf. fiche 19), ***would, shall*** et ***should***. Un auxiliaire, comme son nom l'indique, est un mot qui se met « au service » d'un autre : ici, le verbe.
Les auxiliaires sont dits « modaux » parce qu'ils permettent au locuteur d'exprimer son point de vue, en indiquant, par exemple, ce que l'on a le droit de faire ou non, si l'action lui paraît certaine, possible ou éventuelle, etc. Ils renseignent sur l'**idée** qu'exprime le locuteur.

Ex. : *They **may** come tonight.*
(Il se peut qu'ils viennent ce soir.) = C'est le locuteur qui exprime son point de vue sur la probabilité de l'action.

Formation

Un auxiliaire modal :

- se place toujours avant le verbe qu'il accompagne ;
- est toujours suivi d'une base verbale ;
- ne peut être suivi d'un autre auxiliaire modal ;
- n'a pas d'infinitif, de participe présent, ni de participe passé ;
- ne s'accorde pas avec le sujet, donc ne prend pas de *-s* à la 3e personne du singulier du présent simple ;
- n'a pas toujours d'équivalent au passé et au futur ; dans ce cas, il doit être remplacé par une périphrase ou un verbe équivalent.

Ex. : *She **must** read that book.* (Elle doit lire ce livre.)
*She **had to** read that book.* (Elle a dû lire ce livre.)

22 La capacité

Can est l'auxiliaire modal qui permet d'exprimer la capacité.

Formation

On utilise ***can*** dans les phrases affirmatives et interrogatives, ***cannot*** ou ***can't*** dans les phrases négatives.

Ex. : *I **can** speak English, but I **can't** speak Russian.*

(Je sais parler anglais, mais je ne sais pas parler russe.)

Emplois

L'auxiliaire ***can*** exprime le plus souvent la capacité (pour sa valeur de certitude, cf. p.60 , et de permission, cf. p.56). Il permet :

- de dire ce que l'on sait faire ou ne sait pas faire ;

  Ex. : *I **can't** drive.* (Je ne sais pas conduire.)

  *I always use pens. I **can't** write with a pencil.*

  (J'utilise toujours des stylos. Je ne sais pas écrire avec un crayon.)

- d'indiquer ce que l'on peut ou ne peut pas faire ;

  Ex. : *Come as soon as you **can**.*

  (Venez dès que vous le pouvez.)

  *I **can't** use my computer. It has broken down.*

  (Je ne peux pas utiliser mon ordinateur. Il est en panne.)

- d'exprimer la perception.

  Ex. : *I **can't** hear anything.* (Je n'entends rien.)

  ***Can** you see these birds?* (Voyez-vous ces oiseaux ?)

Be able to

Pour conjuguer ***can*** aux autres temps qu'au présent, on utilise la périphrase ***be able to*** suivie de la base verbale. Il s'agit alors de conjuguer l'auxiliaire *be* au temps choisi :

- Au futur

  Ex. : ***Will you be able to go*** *home for lunch when you work in that company?* (Pourrez-vous rentrer chez vous pour le déjeuner quand vous travaillerez dans cette entreprise ?)

- Au passé : *be able to* est utilisé pour exprimer une action à un moment précis du passé (il est dans ce cas synonyme de *manage*). Par opposition, *could* s'emploie pour parler d'une capacité permanente dans le passé.

  Ex. : *Although the fire spread through the building very quickly,* ***everybody was able to/managed to escape.***

  (Bien que le feu se soit très vite propagé dans le bâtiment, tout le monde est parvenu à s'échapper.)

  I ***couldn't*** *play the piano when I was young.*

  (Je ne savais pas jouer du piano quand j'étais jeune.)

23 La permission

Différents auxiliaires modaux servent à évoquer la permission : ***can, could*** et ***may***.

Emplois

Le choix de l'auxiliaire dépend essentiellement du degré de politesse souhaité par le locuteur.

- Avec ***can***, le ton est informel.

  Ex. : *You* ***can*** *smoke if you like.* (Vous pouvez fumer si vous voulez.)

__Can__ I use your cellphone?
(Je peux me servir de ton téléphone portable ?)

- Avec ***could***, le ton est plus poli et plus formel qu'avec *can*. *Could* s'utilise, dans sa valeur de permission, essentiellement à la forme interrogative.

  Ex. : *__Could__ I have some orange juice, please?*
  (Pourrais-je avoir du jus d'orange, s'il vous plaît ?)
  __Could__ I interrupt a moment?
  (Pourrais-je vous interrompre un instant ?)

- Avec ***may***, le ton est plus formel qu'avec *can* et *could*.

  Ex. : *__May__ I borrow your dictionary?*
  (Puis-je emprunter votre dictionnaire ?)
  __May__ I take a seat?
  (Puis-je m'asseoir ?)

Be allowed to

Pour exprimer la permission aux autres temps qu'au présent, on utilise la périphrase ***be allowed to***, suivie de la base verbale. Il s'agit alors de conjuguer l'auxiliaire *be* au temps choisi :

- Au futur

  Ex. : *Do you think you__'ll be allowed to go out__ tonight?*
  (Penses-tu que tu auras la permission de sortir ce soir ?)

- Au passé

  Ex. : *They __weren't allowed to enter__ the laboratory.*
  (Ils n'ont pas obtenu la permission de pénétrer dans le laboratoire.)

24 L'obligation

Pour exprimer l'obligation, on utilise l'auxiliaire modal ***must*** ou la périphrase ***have to*** suivie de la base verbale.
La plupart du temps, on peut employer indifféremment *must* et *have to*, car ils sont similaires.

Ex. : *It's late. I **must/have to go**.* (Il est tard. Je dois partir.)

Il existe cependant certaines différences que nous allons décrire.

Emplois

- ***Must*** est principalement employé lorsque l'idée d'obligation émane du locuteur, lorsque c'est lui qui en évalue le bien-fondé.

  Ex. : *I **must** get up early tomorrow. I have lots to do.*
  (Je dois me lever tôt demain. J'ai beaucoup de choses à faire.)
  *You **must** keep it a secret.* (Tu dois garder le secret.)

- ***Must*** peut également exprimer une recommandation faite par le locuteur.

  Ex. : *Jane is a very nice person. You **must** meet her.*
  (Jane est quelqu'un de très agréable. Tu dois la rencontrer.)
  *You **must** come and see us again.*
  (Vous devez nous rendre visite à nouveau.)

- ***Must*** est souvent utilisé pour énoncer des règles ou des instructions écrites.

  Ex. : *Application forms **must** be sent by 16 December.*
  (Les formulaires de candidature doivent être envoyés le 16 décembre au plus tard.)
  *You **must** write your answers in black ink.*
  (Les réponses doivent être écrites à l'encre noire.)

• ***Have to*** est utilisé pour signifier que l'obligation est indépendante de la volonté du locuteur.

Ex. : *She **has to** work from 8 am to 6 pm every day.*
(Elle doit travailler tous les jours de 8 heures à 18 heures.)
***Does** your husband **have to** travel a lot for his work?*
(Votre mari doit-il beaucoup voyager pour son travail ?)

• ***Have to*** est obligatoire aux autres temps qu'au pésent pour remplacer *must*.

Ex. : *We **had to** leave early.* (Nous avons dû partir tôt.)
***Will you have to** buy a car if you move?*
(Devrez-vous acheter une voiture si vous déménagez ?)

25 *L'interdiction*

Pour exprimer l'interdiction, on utilise les auxiliaires modaux *must* et *can* à la forme négative : ***mustn't*** et ***can't***.

Emplois

• ***Mustn't*** permet d'exprimer l'interdiction.

Ex. : *We **mustn't** disturb him while he is with a customer.*
(Nous ne devons pas le déranger lorsqu'il est avec un client.)
*You **mustn't** tell them.* (Tu ne dois pas leur en parler.)

• ***Can't*** exprime une interdiction formelle : règlement, règles de jeu, etc.

Ex. : *You **can't** smoke here.* (Il est interdit de fumer ici.)
*Visitors **can't** enter the factory without a hard hat and goggles.*
(Il est interdit aux visiteurs de pénétrer dans l'usine sans casque ni lunettes de sécurité.)

Attention :

Si *must* et *have to* sont en concurrence lorsqu'il s'agit d'exprimer l'obligation, *have to* à la forme négative n'exprime pas l'interdiction mais l'absence de nécessité.

Ex. : *You **don't have to** tell them.* (Tu n'as pas besoin de leur en parler.) = Ce n'est pas nécessaire.

*I **didn't have to** attend the meeting, so I didn't go.* (Il n'était pas nécessaire que j'assiste à la réunion, alors je n'y suis pas allé.)

Have to à la forme négative a donc pour équivalent *need* à la forme négative.

Ex. : *You **don't need to** work at weekends.* (Tu n'as pas besoin de travailler le weekend.)

26 La probabilité

En plus des valeurs décrites ci-dessus, tous les auxiliaires modaux cités ont également une valeur de probabilité.

Formation

Si rien ne change au présent, on utilise pour tous au passé la même construction : auxiliaire modal + *have* + participe passé du verbe (et non plus des périphrases ou des verbes équivalents).

Emplois

La notion de probabilité peut prendre deux valeurs distinctes : la forte probabilité et la faible probabilité.

La forte probabilité

Elle s'exprime à l'aide des auxiliaires modaux ***must*** et ***can't*** (qui, dans ce cas, est l'opposé de *must*).

Ex. : *The phone's ringing. It **must** be Alice.*
(Le téléphone sonne. Ça doit être Alice.)
*Someone is knocking at the door. It **can't** be Sue, she's at work.*
(Quelqu'un frappe à la porte. Ça ne peut pas être Sue, elle est au travail.)
*You **must have been** very happy when they offered you the job.*
(Vous avez dû être très heureux quand ils vous ont offert ce travail.)
*It's only 4 pm. She **can't have gone** home yet.*
(Il n'est que 16 h. Elle ne peut pas être déjà rentrée.)

Should peut également prendre cette valeur de forte probabilité.

Ex. : *Ask your teacher. He **should** know.*
(Demande à ton professeur, il doit savoir.)

La faible probabilité

Elle s'exprime à l'aide des auxiliaires modaux ***may*** et ***might***.

Ex. : *It **may not** snow, after all.*
(Il ne va peut-être pas neiger, tout compte fait.)
*You **might** win the first prize, who knows?*
(Tu vas peut-être remporter le premier prix, qui sait ?)
*He **might have won** the first prize if he had trained more.*
(Il aurait peut-être gagné le premier prix s'il s'était entraîné plus.)

27 Le conseil

Pour exprimer le conseil, on utilise les auxiliaires modaux ***should*** et ***ought to***.

Formation

À la forme négative, *should not* se contracte en ***shouldn't*** et *ought not to* se contracte en ***oughtn't to***.

On conjugue *should* et *ought to* au passé de la façon suivante : *should/ought to* + *have* + participe passé du verbe.

Emplois

Should permet d'exprimer un conseil ou un reproche. *Ought to* est synonyme de *should*, mais dans un registre de langage plus soutenu.

Ex. : *You **should** apologize to her.*
(Tu devrais lui présenter tes excuses.)
*You **should have told** me the truth.*
(Tu aurais dû me dire la vérité.)
*You **ought to** be ashamed.*
(Vous devriez avoir honte.)

28 Shall

Shall est employé pour demander un **avis** à l'interlocuteur ou pour faire une **suggestion**.

Il est utilisé sous forme de question, uniquement à la 1re personne du singulier et à la 1re personne du pluriel.

Ex. : *What **shall I** tell her?*
(Que devrais-je lui dire ?)
***Shall we** play golf next Thursday?*
(Et si on jouait au golf jeudi prochain ?)

Remarque

Pour faire une suggestion, on peut aussi employer les expressions *how about* ou *what about* suivies de la base verbale à laquelle on ajoute la terminaison *-ing*.

Ex. : ***How/ What about playing** golf next Thursday?*
(Que diriez-vous de jouer au golf jeudi prochain ?)

L'hypothèse

→ Testez-vous 82 à 94

Il existe trois formes de conditionnels permettant d'exprimer l'hypothèse. Chacune est composée d'une proposition principale suivie ou précédée d'une subordonnée en *if* exprimant une supposition ou une condition.

29 Le premier conditionnel

Formation

Le premier conditionnel se forme de la façon suivante : *if* + présent simple, *will* + verbe.

Emplois

Le premier conditionnel s'emploie :

- pour parler d'événements qui pourraient ou non avoir lieu, et de leurs conséquences ;

  Ex. : ***If*** *they* ***close*** *the factory down, we* ***will*** *have to find another job.*
  (S'ils ferment l'usine, nous devrons trouver un autre emploi.)
  If we take *the 11.30 train, we* ***will*** *arrive late.*
  (Si nous prenons le train de 11 h 30, nous arriverons en retard.)

- pour parler d'événements dont le locuteur pense qu'ils sont susceptibles de se produire, car la condition est vraisemblable.

  Ex. : ***If*** *I* ***get*** *a salary increase, I* ***will*** *go to Italy for the next holidays.*
  (Si j'obtiens une augmentation, j'irai en Italie pour les prochaines vacances.)

*What **will** you do **if** they **offer** you the job in Prague?*
(Que feras-tu s'ils te proposent le poste à Prague ?)

Unless, when, as soon as

If est parfois remplacé par *unless, when* ou *as soon as*.

Unless s'emploie dans le sens de *if not* et se traduit par « à moins que ».

Ex. : ***Unless** you make a decision, I'**ll** have to make it for you.*
(À moins que tu ne prennes une décision, je devrai la prendre pour toi.)

On utilise ***when*** (quand) ou ***as soon as*** (dès que) à la place de *if* pour signifier que l'on est sûr qu'une action va avoir lieu.

Comparer les exemples suivants :

*My assistant will call me **when** the customers arrive.*
(Mon assistante m'appellera quand les clients seront arrivés.)
= Le locuteur est certain que les clients vont arriver.
*My assistant will call me **as soon as** the customers arrive.*
(Mon assistante m'appellera dès que les clients seront arrivés.)
= Le locuteur est certain que les clients vont arriver, et dès qu'ils arriveront son assistante l'appellera.
*My assistant will call me **if** the customers arrive.*
(Mon assistante m'appellera si les clients arrivent.) = Le locuteur n'est pas certain que les clients arriveront.

30 *Le deuxième conditionnel*

Formation

Le deuxième conditionnel se forme de la façon suivante : *if + past simple, would* + verbe.

Emplois

Le deuxième conditionnel s'emploie :

- pour parler d'événements à venir qui sont moins ou peu probables ;

  Ex. : *I **would** be scared if someone **pointed** a gun at me.*

  (Je serais effrayé si quelqu'un me menaçait avec un pistolet.)

  *What **would** you do **if** your company **relocated** to another country?*

  (Que feriez-vous si votre entreprise était délocalisée dans un autre pays ?)

- pour parler de situations impossibles ou hautement improbables.

  Ex. : *If I **were** younger, I **would** run a marathon.*

  (Si j'étais plus jeune, je courrais le marathon.) = C'est impossible, car je ne serai jamais plus jeune.

  *What **would** you do if you **won** a lot of money?*

  (Que ferais-tu si tu gagnais beaucoup d'argent ?) = Il est très peu probable que cela se produise.

Could et *might*

Il est possible, au deuxième conditionnel, de remplacer *would* par *could* ou *might* afin d'introduire de légères nuances de sens : la valeur de capacité de *could* et la valeur de probabilité de *might*.

Ex. : *If you took more exercise, you **might** feel better.*

(Si tu faisais un peu plus d'exercice, il se pourrait que tu te sentes mieux.)

*If it stopped raining, we **could** go out.*

(S'il cessait de pleuvoir, nous pourrions sortir.)

31 Le troisième conditionnel

Formation

Le troisième conditionnel se forme de la façon suivante : *if* + *past perfect*, *would* + *have* + participe passé du verbe.

Emploi

On utilise le troisième conditionnel pour parler d'un événement qui ne peut plus avoir lieu : c'est trop tard. On l'emploie également pour exprimer un regret.

Ex. : *If I **had seen** him, I **would have said** hello.*
(Si je l'avais vu, je lui aurais dit bonjour.) = C'est trop tard, je ne l'ai pas vu.
*If I **had known**, I **wouldn't have cancelled** my flight.*
(Si j'avais su, je n'aurais pas annulé mon vol.) = Je le regrette.

Remarque

Comme pour le deuxième conditionnel, il est possible de remplacer *would* par *could* ou *might*, avec les mêmes nuances de sens.

Wish

On peut aussi utiliser ***wish*** dans le but d'exprimer un regret.
Il existe deux emplois possibles :

- ***Wish*** + verbe de la proposition principale au prétérit. Le locuteur exprime dans ce cas le regret que la situation actuelle ne soit pas telle qu'elle devrait être.

Ex. : *It's raining cats and dogs. **I wish I had** an umbrella.*
(Il pleut des cordes. J'aurais dû prendre un parapluie.)
***I wish** my children were here.*
(J'aimerais que mes enfants soient là.)

• ***Wish*** + verbe de la proposition principale au *past perfect*. Le locuteur exprime dans ce cas le regret qu'une action passée ait ou n'ait pas eu lieu.

Ex. : *I feel sick.* ***I wish I hadn't eaten*** *so much.*
(Je ne me sens pas très bien. Je n'aurais pas dû manger autant.)
Do *you* ***wish you had studied*** *German instead of English?*
(Aurais-tu préféré étudier l'allemand, plutôt que l'anglais ?)

Remarque

On considère parfois qu'il existe un conditionnel zéro correspondant aux vérités universelles. Il s'exprime de la façon suivante : *if* + présent simple. L'utilisation du présent simple à la place de *will* dans la proposition principale indique que la conséquence suit nécessairement la condition.

Ex. : *Flowers* ***grow*** *if you* ***water*** *them.*
(Les fleurs poussent si on les arrose.)
It ***becomes*** *more difficult to borrow money if interest rates* ***raise.***
(Il devient plus difficile d'emprunter de l'argent si les taux d'intérêt augmentent.)

Le passif

→ Testez-vous 95 à 110

32 La voix passive

Formation

La voix passive d'un verbe se construit avec l'auxiliaire *be*, conjugué au temps choisi, et le participe passé du verbe.

Voici quelques exemples de formes que peut prendre un verbe à la voix passive :

Temps	Voix passive	Traduction
Présent simple	*The agency **is opened** in the morning by Sam.*	L'agence est ouverte par Sam tous les matins.
Présent *be* + V-*ing*	*A new bridge **is being built.***	On est en train de construire un nouveau pont.
Prétérit	*I **was given** your email address by a colleague.*	J'ai eu ton adresse e-mail par un collègue.
Prétérit en *be* + V-*ing*	*The room **was being cleaned** when I arrived.*	On nettoyait la chambre quand je suis arrivé.
Present perfect	*I **haven't been invited** to the event.*	On ne m'a pas invité à cet événement.
Past perfect	*The car **hadn't been used** very much.*	La voiture n'avait pas beaucoup servi.

Will	*No decision will **be made** before reaching an agreement.*	Aucune décision ne sera prise avant qu'on ne soit parvenu à un accord.
Auxiliaires modaux	*The minutes **must be circulated** as soon as possible.* *My cellphone was in my office. It **can't have been stolen**!*	Les procès-verbaux doivent être transmis dès que possible. Mon téléphone portable était dans mon bureau. On n'a pas pu me le voler !

Emplois

On utilise la voix passive :

- lorsque le sujet de l'action n'est pas connu, n'a pas d'importance ou est trop évident pour être mentionné ;

  Ex. : *How much money was stolen from the bank?*
  (Combien d'argent a-t-on dérobé à la banque ?)
  Tina has been promoted. (Tina a été promue.)

Le locuteur insiste sur l'action, plus que sur son sujet. Cependant, si l'on veut préciser qui fait l'action, ou ce qui a causé l'action, on ajoute un complément d'agent. Celui-ci est introduit par *by*.

Ex. : *This house was built **by my grandfather**.*
(Cette maison a été construite par mon grand-père.)
*The gate was damaged **by the storm**.*
(La barrière a été endommagée par l'orage.)

- pour décrire un procédé (de fabrication, par exemple) ou, plus généralement, la façon dont une action est accomplie.

Ex. : *First, the post* ***must be advertised****, then candidates* ***are invited*** *for an interview, finally the last selection* ***is made****.*
(Tout d'abord, il faut publier l'offre d'emploi, puis des candidats sont convoqués pour un entretien, enfin on effectue la dernière sélection.)
How ***is*** *glass* ***made****?* (Comment fabrique-t-on du verre ?)

Le passif à double complément

Certains verbes sont suivis de deux compléments d'objets. Par exemple : *give* (donner), *offer* (offrir), *pay* (payer), *send* (envoyer), *tell* (raconter), *teach* (enseigner), *show* (montrer), etc.
Le premier complément indique à qui est attribué le second complément, et chacun des deux compléments peut devenir le sujet d'une phrase passive.

Ex. : *They showed him a very important document.* (Ils lui ont montré un document très important.) peut devenir : *He was shown a very important document.* Ou : *A very important document was shown to him.* (On lui a montré un document très important.)
They have been paid plenty of money for this mission. (On leur a donné beaucoup d'argent pour cette mission.) peut également s'écrire : *Plenty of money has been paid to them for this mission.*

Les structures passives du type *he is said to be*, *he was said to be*, etc.

Les structures passives sont l'équivalent des structures du type *it is said that*.

Ex. : *It is said that she is 100.* → *She* ***is said to be*** *100.*
(Il paraît qu'elle a 100 ans.)

It was believed that Big Ben was leaning. → *Big Ben* ***was believed to be*** *leaning.*
(On pensait que Big Ben penchait.)

Les verbes utilisés dans ces structures sont, pour les principaux : *allege* (prétendre), *believe* (croire), *consider* (considérer), *expect* (s'attendre à), *know* (savoir), *report* (rapporter), *think* (penser), *understand* (comprendre).

Ex. : *They* ***are alleged to have*** *stolen valuable goods.*
(On prétend qu'ils ont volé des marchandises de valeur.)
Three people ***are told to be*** *missing.*
(On raconte que trois personnes sont portées disparues.)
I've heard that the Chancellor of the Exchequer ***was expected to*** *meet the German Prime Minister.*
(J'ai entendu dire que le ministre des Finances devait rencontrer le Premier ministre allemand.)

On rencontre également l'expression ***be supposed to***.

Ex. : *You'****re supposed to show*** *them round the company.*
(Il est prévu que vous leur fassiez visiter l'entreprise.)
*He'****s not supposed to carry*** *heavy loads.*
(Il lui est déconseillé de porter de lourdes charges.)

Le discours indirect

→ Testez-vous 111 à 124

33 Le discours indirect

Généralités

Le discours indirect consiste à **rapporter des paroles**. L'énonciateur utilise pour cela un verbe introducteur.

Les paroles peuvent être rapportées :

- quasi simultanément (dans ce cas, le verbe introducteur est au présent) ;

  Ex. : *He's **asking** if we are free this evening.*

  (Il demande si nous sommes libres ce soir.)

- de façon différée (dans ce cas le verbe introducteur est au passé).

  Ex. : *Simon phoned yesterday. He **asked** if we were free tonight.*

  (Simon a téléphoné hier. Il demandait si nous étions libres ce soir.)

Formation

Lors du passage du discours direct au discours indirect, plusieurs éléments de la phrase sont modifiés.

Les temps

Le plus souvent, le discours indirect est utilisé pour rapporter des paroles qui ont été prononcées antérieurement. Le verbe introducteur est alors au passé, entraînant une concordance des temps comme suit :

Discours direct	Discours indirect
Présent simple *"I have one brother and two sisters."* (« J'ai un frère et deux sœurs. »)	**Prétérit simple** *He said (that) he had one brother and two sisters.* (Il a dit qu'il avait un frère et deux sœurs.)
Prétérit simple *"Emma worked as an estate agent for five years."* (« Emma a travaillé comme agent immobilier pendant cinq ans. »)	***Past perfect*** *He said (that) Emma had worked as an estate agent for five years.* (Il a dit qu'Emma avait travaillé comme agent immobilier pendant cinq ans.)
***Present perfect* simple** *"I've never liked horror films."* (« Je n'ai jamais aimé les films d'horreur. »)	***Past perfect* simple** *She said (that) she had never liked horror films.* (Elle a dit qu'elle n'avait jamais aimé les films d'horreur.)
Will + verbe *"Will they get on well together?"* (« Vont-ils bien s'entendre ? »)	***Would* + verbe** *Harry wondered if they would get on well together.* (Harry se demandait s'ils allaient bien s'entendre.)
Impératif (ordre) *"Listen to me, please!"* (« Écoutez-moi ! ») **Impératif (interdiction)** *"Don't open the window!"* (« N'ouvre pas la fenêtre ! »)	***To* + verbe** *He asked us to listen to him.* (Il nous a demandé de l'écouter.) ***Not to* + verbe** *She told me not to open the window.* (Elle m'a dit de ne pas ouvrir la fenêtre.)

Les repères spatio-temporels

Discours direct	Discours indirect
this (ce, cette) *these* (ces)	*that* (ce…-là, cette…-là) *those* (ces…-là)
here (ici)	*there* (là)
tomorrow (demain)	*the day after* (le jour suivant)
yesterday (hier)	*the day before* (la veille)
next week (la semaine prochaine)	*the following week* (la semaine suivante)
last year (l'année dernière)	*the year before* (l'année précédente)
ago (il y a)	*before* (avant, auparavant)

Ex. : *"I will leave Paris **tomorrow**, Brenda."* (« Je quitterai Paris demain, Brenda. ») → *He told Brenda he would leave Paris **the day after**.* (Il a dit à Brenda qu'il quitterait Paris le lendemain.)

Attention :

Les guillemets anglais ("...") sont différents des guillemets français (« … »).

Les indices concernant les personnes

Lors du passage du discours direct au discours indirect, les déterminants et les pronoms peuvent changer.

Ex. : *"Can **I** borrow **your** MP3 player, please?"* (Puis-je emprunter ton lecteur MP3, s'il te plaît ?) → *Alice asked me if **she** could borrow **my** MP3 player.* (Alice m'a demandé si elle pouvait emprunter mon lecteur MP3.)

Les verbes introducteurs

Les principaux verbes introducteurs sont les suivants :

- ***Tell***

Ce verbe ne s'emploie que si l'interlocuteur est mentionné. Il est obligatoirement **suivi d'un nom ou d'un pronom.**

Ex. : *She **told me** to go and buy a bunch of flowers.*
(Elle m'a dit d'aller acheter un bouquet de fleurs.)

- ***Say***

On peut employer le verbe *say* que l'interlocuteur soit mentionné ou non. Si l'interlocuteur est mentionné, il est introduit par la préposition ***to***.

Ex. : *He said (that) he wanted to buy a new car.*
(Il a dit qu'il voulait acheter une nouvelle voiture.)
*He **said to his friend** Paul (that) he wanted to buy a new car.*
(Il a dit à son ami Paul qu'il voulait acheter une nouvelle voiture.)

- D'autres verbes introducteurs :

admit (admettre), *answer* (répondre), *declare* (déclarer), *mention* (mentionner), *point out* (signaler), *reply* (répondre), *state* (affirmer), etc.

Ex. : *The mayor **claimed** (that) he would make the town safer.*
(Le maire a déclaré qu'il rendrait la ville plus sûre.)

Lorsqu'on rapporte une question, on utilise des verbes tels que *ask* (demander), *enquire* (se renseigner), *want to know* (vouloir savoir), *wonder* (se demander), etc.

Ex. : *"What is she like?"* (« À quoi ressemble-t-elle ? ») → *He **wondered** what she was like.* (Il se demanda à quoi elle ressemblait.)

"How long are you staying in Ireland?" (« Combien de temps restez-vous en Irlande ? ») → *They **wanted to know** how long we were staying in Ireland.* (Ils voulaient savoir combien de temps nous restions en Irlande.)

Remarque

L'ordre des mots redevient celui d'une phrase déclarative lorsqu'une question est transposée au discours indirect, comme dans les questions indirectes (cf. fiche 3).

Pour donner un ordre ou un conseil, on utilise des verbes tels que *advise* (conseiller), *ask* (demander), *forbid* (interdire), *order* (ordonner), *warn* (avertir), suivis du **complément + *to***.

Ex. : *"Don't come closer!"* (« Ne vous approchez pas ! »)

→ *I **forbade** them to come closer.*

(« Je leur ai interdit de s'approcher. »)

"You should take a five-year guarantee."

(« Vous devriez prendre une garantie de cinq ans. »)

→ *The salesman **advised** them to take a five-year guarantee.*

(Le vendeur leur a conseillé de prendre une garantie de cinq ans.)

LE GROUPE NOMINAL

Les déterminants

→ Testez-vous 125 à 140

Un déterminant est un constituant obligatoire du groupe nominal.

On dénombre **cinq grandes familles** de déterminants :

- les articles : l'article indéfini ***a/ an***, l'article défini ***the*** et l'article zéro ;
- les déterminants démonstratifs ;
- les déterminants numéraux cardinaux et ordinaux ;
- les déterminants possessifs ;
- les quantifieurs (cf. pp. 125 à 132).

34 *L'article indéfini a/an*

Formes

A/an se traduit par « un » ou « une » : c'est un article indéfini singulier.

Il s'écrit ***a*** devant un mot commençant phonétiquement par une consonne.

Ex. : ***a*** *dog* (un chien), ***a*** *hat* (un chapeau ; *h* initial prononcé).

C'est également le cas devant les consonnes qui se prononcent [j] ou [w].

Ex. : ***a*** *year* (une année), ***a*** *university* (une université), ***a*** *European country* (un pays d'Europe), ***a*** *wing* (une aile), ***a*** *one-way road* (une route à sens unique).

Il s'écrit ***an*** devant un mot commençant phonétiquement par une voyelle.

Ex. : ***an** engineer* (un ingénieur), ***an** hour* (une heure ; *h* initial non prononcé), ***an** eye* (un œil), ***an** umbrella* (un parapluie).

Emploi

L'article indéfini s'utilise pour parler de quelque chose que l'on évoque pour la première fois ou qu'il importe peu de définir.

Ex. : *There's **a** supermarket down the street.*
(Il y a un supermarché en bas de la rue.)
*How much does it cost to rent **a** car?*
(Combien cela coûte-t-il de louer une voiture ?)

On l'emploie devant les noms dénombrables (cf. p.120) singuliers.

Ex. : *In our town, there is **a** town hall, **a** library and **a** theatre.*
(Dans notre ville, il y a une mairie, une bibliothèque et un théâtre.)
*I had **a** sandwich and **a** pear for lunch.*
(J'ai déjeuné d'un sandwich et d'une poire.)

Exceptions :
Les noms indénombrables (cf. p.120) suivants sont précédés de l'article indéfini : *pity, shame, disgrace, fuss, relief, hurry, waste, mess*.

Ex. : *What **a** pity!*
(Quel dommage !)
*It is such **a** waste of time!*
(Quelle perte de temps !)
*She's in **a** hurry.*
(Elle est pressée.)

Emplois particuliers

Il peut arriver que l'on emploie *a/an* en anglais devant un nom singulier alors qu'en français on n'emploie pas d'article.

C'est le cas, par exemple :

- devant un nom de métier ;
  Ex. : *My mother is **a florist**.* (Ma mère est fleuriste.)

- après certaines prépositions (*as, in, without*)
  Ex. : *I can't work **without a** computer.*
  (Je ne peux pas travailler sans ordinateur.)

- dans une phrase négative ;
  Ex. : *Sorry, but I have**n't** got **a** watch.*
  (Désolée, mais je n'ai pas de montre.)

- après *such* et *what.*
  Ex. : ***What a** pretty house Susan has!*
  (Quelle jolie maison a Susan!)
  *It's the first time I've heard **such a** funny story.*
  (C'est la première fois que j'entends une histoire aussi drôle.)

35 *L'article défini* the

The se traduit par « le », « la » ou « les » : c'est un article défini singulier ou pluriel.

Ex. : ***the** cat* (le chat), ***the** cats* (les chats).

Emplois

On utilise l'article *the* :

- pour désigner des objets, des êtres ou des concepts connus de tous ou uniques en leur genre.

Ex. : *the sun* (le soleil), *the earth* (la terre), *the moon* (la lune), *the weather* (le temps), *the wind* (le vent), *the rain* (la pluie), *the snow* (la neige), *the sky* (le ciel), *the sea* (la mer), *the dollar* (le dollar), *the telephone* (le téléphone).

- lorsque ce dont on parle a été préalablement défini ou mentionné ;

  Ex. : *Where did you put **the** money?*
  (Où as-tu mis l'argent ?)
  *We took **the** children to the circus.*
  (Nous avons emmené les enfants au cirque.)

- lorsque le nom est déterminé par ce qui suit.

  Ex. : ***The** fruits I bought this morning were delicious.*
  (Les fruits que j'ai achetés ce matin étaient délicieux.)
  *We stayed at **the** hotel in the town center.*
  (Nous sommes descendus à l'hôtel du centre-ville.)

Remarque

L'article *the* se prononce de deux façons différentes :

- [ðe] devant un mot commençant phonétiquement par une consonne ;

  Ex. : *the sky* (le ciel), *the heart* (le cœur).

- [ði] devant un mot commençant phonétiquement par une voyelle.

  Ex. : *the heir* (l'héritier), *the ocean* (l'océan).

Emplois particuliers

• *the* + adjectif

On utilise *the* + adjectif, sans nom, pour désigner un groupe de personnes.

Ex. : *the young* (les jeunes), *the elderly* (les personnes âgées), *the rich* (les riches), *the poor* (les pauvres), *the homeless* (les sans-abris), *the disabled* (les handicapés), *the unemployed* (les chômeurs), *the blind* (les aveugles), *the deaf* (les sourds), *the injured/the wounded* (les blessés), *the dead* (les morts).

• *the* + adjectif de nationalité

Cet emploi n'est possible qu'avec les adjectifs se terminant par *-ch, -sh* ou *-ese*.

Ex. : *the French* (les Français), *the English* (les Anglais), *the Spanish* (les Espagnols), *the Chinese* (les Chinois), *the Swedish* (les Suédois).

Mais : *Italians* (les Italiens), *Turks* (les Turcs).

• *the* + nom singulier pour désigner une espèce animale. Dans ce cas, *the* ne désigne pas un animal spécifique que l'on aurait préalablement mentionné, mais une espèce spécifique.

Ex. : *the lion* (le lion), *the giraffe* (la girafe).

36 *L'article zéro*

L'article zéro désigne l'absence d'article devant un nom. Cette absence est symbolisée par le signe Ø.

Emplois

• L'article zéro est employé devant un nom indénombrable (cf. p. 120), dans des **phrases exprimant une généralité** et concernant les aliments : *bread* (le pain), *milk* (le lait), *butter* (le beurre), *fish* (le poisson), etc. ; les matériaux : *glass* (le verre), *wood* (le bois), *iron* (le fer), etc. ; les activités : *cooking* (la cuisine), *travelling* (les voyages), *athletics* (l'athlétisme), etc. ; les langues : *German* (l'allemand), *Portuguese* (le portugais), etc. ; les couleurs : *blue* (le bleu), *grey* (le gris), etc. ; les notions abstraites : *freedom* (la liberté), *love* (l'amour), *truth* (la vérité), etc.

Ex. : *I love Ø music.* (J'adore la musique.)
Ø Speech is Ø silver but Ø silence is Ø gold.
(La parole est d'argent mais le silence est d'or.)
I like Ø strong black coffee. (J'aime le café fort et noir.)

• L'article zéro est employé devant un nom dénombrable pluriel (cf. p.120) dans des **phrases exprimant une généralité**, et concernant des catégories de personnes : *people* (les gens), *girls* (les filles), *children* (les enfants), *teachers* (les enseignants), etc. ; d'animaux : *elephants* (les éléphants), *turtles* (les tortues), etc. ; d'objets : *books* (les livres), *stamps* (les timbres), *coins* (les pièces), etc.

Ex. : *Ø Lions are dangerous animals.*
(Les lions sont des animaux dangereux.)
Ø Children like playing. (Les enfants aiment jouer.)
Ø Salt is not good for her. (Le sel n'est pas bon pour elle.) Mais :
Can you pass ***the*** *salt, please?* (Peux-tu me passer le sel ?)

• On l'emploie également devant des noms dénombrables pluriels pour désigner **une quantité indéfinie** ; il se traduit alors par « des ».

Ex. : *It's raining Ø cats and Ø dogs!* (Il pleut des cordes !)
I bought Ø newspapers and Ø magazines to read on the plane.
(J'ai acheté des journaux et des magazines pour lire dans l'avion.)

Would you like Ø vegetables or Ø potatoes?
(Prendrez-vous des légumes ou des pommes de terre ?)

Emplois particuliers

- Devant les noms dénombrables singuliers. Un nom dénombrable singulier prend toujours un article, défini ou indéfini. Ces articles sont cependant en concurrence avec l'article zéro lorsqu'il s'agit d'institutions : *school* (l'école), *prison* (la prison), *hospital* (l'hôpital), *university* (l'université), *church* (l'église).

Comparer les exemples suivants :

Ø School begins at 8 am and finishes at 5 pm. (L'école commence à 8 h et finit à 17 h.) Mais : *It's 7.30 am. Chris is going to* ***the*** *school.* (Il est 7 h 30. Chris va à l'école.)
Cathy had a car accident. She's in Ø hospital. (Cathy a eu un accident de voiture. Elle est à l'hôpital.) Mais : *John is going to* ***the*** *hospital to visit Cathy.* (John va à l'hôpital pour rendre visite à Cathy.)

- Devant les noms de continents : *Africa* (l'Afrique), *Europe* (l'Europe), *America* (l'Amérique), etc.

37 Les déterminants démonstratifs

This et *that* sont des déterminants démonstratifs. Ils servent à montrer le ou les éléments désignés par le nom déterminé.

Ex. : ***This*** *jumper costs 12 pounds.*
(Ce pull coûte 12 livres.)
Can you smell ***that*** *perfume?*
(Sens-tu ce parfum ?)

Au pluriel, *this* devient *these* et *that* devient *those*.

Ex. : *I'll buy **these** trousers and **those** shoes.*

(Je vais acheter ce pantalon et ces chaussures.)

Emplois

• *This* et *these* servent à montrer quelque chose ou quelqu'un qui est **proche** du locuteur, dans l'espace ou dans le temps.

Ex. : *Which of **these** caps do you prefer?*

(Laquelle de ces casquettes préfères-tu ?)

• *That* et *those* servent à montrer quelque chose ou quelqu'un qui est **éloigné** du locuteur, dans l'espace ou dans le temps, mais aussi sur le plan affectif (notion de rejet, de mépris).

Ex. : *What's **that** thing on the horizon?*

(Qu'est-ce que cette chose-là à l'horizon ?)

*Who's **that** man lurking around the house?*

(Qui est cet homme qui rôde autour de la maison ?)

• Employés sans nom, ils ont une **valeur pronominale**.
Ils peuvent alors être suivis de ***one***.

Ex. : *Which skirt do you want? I'll take **this one**.*

(Quelle jupe veux-tu ? Je vais prendre celle-ci.)

38 Les déterminants possessifs

Un déterminant possessif indique une relation de possession entre un élément précédemment nommé et l'élément désigné par le nom déterminé.

Il s'accorde **en personne** et **en nombre** avec le possesseur.

À la 3e personne du singulier, il s'accorde également **en genre** avec le possesseur : on emploie ***his*** quand le possesseur est un homme, ***her*** quand le possesseur est une femme et ***its*** quand le possesseur n'est pas un être humain.

Liste des déterminants possessifs

Possesseur	Singulier	Pluriel
1re personne	*my* (mon, ma, mes)	*our* (notre, nos)
2e personne	*your* (ton, ta, tes)	*your* (votre, vos)
3e personne	*His, her, its* (son, sa, ses)	*their* (leur, leurs)

Ex. : *Who ate **my** carrots?*
(Qui a mangé mes carottes ?)
*Lucy is looking for **her** glasses.*
(Lucy cherche ses lunettes.)
*This is none of **your** business!*
(Ce ne sont pas tes affaires !)

Le cas possessif

Tout comme le déterminant possessif, le cas possessif crée une relation d'appartenance entre le possesseur et ce qui est possédé. Il s'utilise lorsque que le locuteur souhaite préciser l'identité du possesseur.

Le cas possessif se forme selon le schéma suivant : possesseur + ***'s*** + ce qui est possédé. Lorsque le nom du possesseur est pluriel, le schéma devient : possesseur + **'** + ce qui est possédé.

Il faut noter également que l'ordre de traduction est inversé par rapport au français.

Ex. : ***The Prime Minister's** decision has been well received by the population.*

(La décision du Premier ministre a été bien accueillie par la population.)

***The twins' birthday** is tomorrow.*

(C'est demain l'anniversaire des jumeaux.)

Le cas possessif peut également être utilisé avec des expressions temporelles.

Ex. : ***Tomorrow's meeting** has been cancelled.*

(La réunion de demain a été annulée.)

*I live near the office. It's only about **twenty minutes' drive**.* (J'habite près du bureau. Ce n'est qu'à vingt minutes environ en voiture.)

*Are you ready for **Monday's** presentation?*

(Êtes-vous prêt pour la présentation de lundi ?)

On utilise en général le cas possessif lorsque le possesseur désigne un être vivant ou un groupe d'êtres vivants.

Ex. : ***Jack's** arrival has been delayed.*

(L'arrivée de Jack a été retardée.)

On utilise également ce que l'on appelle le « cas possessif elliptique de lieu », qui consiste à sous-entendre un lieu lorsque celui-ci est évident. On le traduit souvent par « chez ».

Ex. : ***My daughter's room** is never tidy.* (La chambre de ma fille n'est jamais rangée.) Mais : *Mum has gone to **the butcher's [shop]**.* (Maman est allée chez le boucher.)

*The dinner will take place at **Mr and Mrs Carter's [house]**.*

(Le dîner aura lieu chez M. et Mme Carter.)

Remarque

Le mot interrogatif correspondant aux déterminants possessifs et au cas possessif est ***whose*** (cf. p.16).

Ex. : *"**Whose** guitar is this?" "It's his."*

(« À qui est cette guitare ? » « C'est la sienne. »)

Dans tous les autres cas, le lien entre les deux noms est établi à l'aide de la préposition ***of*** : lorsqu'il ne s'agit pas d'un être vivant ou d'un groupe d'êtres vivants, ou encore lorsque le possesseur est un être vivant mais qu'il est défini par un complément trop long.

Ex. : ***The brakes of my bike** are broken.*

(Les freins de mon vélo sont cassés.)

*Do you know the name **of the girl with the red T-shirt**?*

(Connais-tu le nom de la fille avec le T-shirt rouge ?)

39 Les déterminants numéraux cardinaux et ordinaux

Les déterminants numéraux cardinaux

Caractéristiques

- Un déterminant numéral cardinal indique **le nombre** d'éléments désignés par le nom déterminé.

  Ex. : *There are **twenty-six** people in our department.*

  (Il y a vingt-six personnes dans notre service.)

- Le nom qui suit le déterminant numéral cardinal peut être sous-entendu s'il vient d'être cité.

  Ex. : *"How many demonstrators were there? There were about **five thousand**."*

  (« Combien de manifestants y avait-il ? » « Il y en avait à peu près cinq mille. »)

• Les déterminants numéraux cardinaux sont invariables.

Ex. : *There are **four hundred** books in this bookshop.*
(Il y a quatre cents livres dans cette librairie.)

Liste de déterminants numéraux cardinaux

De 0 à 9	De 11 à 19	10, 20, 30...	100, 1000...
zero (zéro)	*eleven* (onze)	*ten* (dix)	*one hundred* (cent)
one (un)	*twelve* (douze)	*twenty* (vingt)	*two hundred* (deux cents)
two (deux)	*thirteen* (treize)	*thirty* (trente)	*three hundred* (trois cents)
three (trois)	*fourteen* (quatorze)	*forty* (quarante)	...
four (quatre)	*fifteen* (quinze)	*fifty* (cinquante)	
five (cinq)	*sixteen* (seize)	*sixty* (soixante)	
six (six)	*seventeen* (dix-sept)	*seventy* (soixante-dix)	*one thousand* (mille)
seven (sept)	*eighteen* (dix-huit)	*eighty* (quatre-vingts)	*two thousand* (deux mille)
eight (huit)	*nineteen* (dix-neuf)	*ninety* (quatre-vingt-dix)	*three thousand* (trois mille)
nine (neuf)			...

Remarques

• Lorsqu'on lit ou écrit en toutes lettres un nombre en anglais, on ajoute *and* entre les centaines et les dizaines (facultatif cependant en anglais américain).

Ex. : *5,432* se lit *five thousand four hundred and thirty-two* (cinq mille quatre cent trente-deux).

- Attention au trait d'union lorsque les dizaines ne sont pas rondes.
  Ex. : *sixty-four* (soixante-quatre).

- Les milliers en anglais sont séparés par une virgule.
  Ex. : *One hundred thousand* (cent mille) s'écrit *100,000.*
  One million (un million) s'écrit *1,000,000.*
  One billion (un milliard) s'écrit *1,000,000,000.*

Les déterminants numéraux ordinaux

Caractéristiques

Un déterminant numéral ordinal indique le **rang** du ou des éléments désignés par le nom déterminé. Il est précédé de l'article défini ***the***.

Ex. : ***The first*** *time we met we didn't speak to each other.*
(La première fois que nous nous sommes rencontrés nous ne nous sommes pas adressé la parole.)

Un déterminant numéral ordinal suivi de ***one*** a une valeur pronominale.

Ex. : *Our house is* ***the second one*** *on the left.*
(Notre maison est la deuxième sur la gauche.)

Formation

Un déterminant numéral ordinal se forme en ajoutant un *-th* final au déterminant numéral cardinal correspondant.

Ex. : *November is* ***the eleventh*** *(11th) month of the year.*
(Novembre est le onzième mois de l'année.)
Yesterday they produced the hundredth (100th) tractor.
(Hier ils ont produit leur centième tracteur.)

Il existe cependant des exceptions :

- ***First*** *(1st)*, ***second*** *(2nd)* et ***third*** *(3rd).*
  Ex. : *Today is the* ***twenty-first*** *(21st) anniversary of his death.*
  (C'est aujourd'hui le vingt-et-unième anniversaire de sa mort.)

- L'orthographe de *five* est modifiée par le *-th* final : ***fifth***.
  Ex. : *E is the* ***fifth*** *letter of the alphabet.*
  (*E* est la cinquième lettre de l'alphabet.)

Remarque

Les déterminants numéraux sont obligatoires pour exprimer une date.

Ex. : *01/05/2010* se lit *the first of May twenty ten.*

Le nom

→ Testez-vous 125 à 140

40 Le nom : généralités

En anglais, le nom n'a **pas de genre**. Seuls certains pronoms (cf. pp 96 à 98) et les déterminants possessifs (cf. p. 85) sont concernés par le genre.

Ex. : *a table* (une table), *a horse* (un cheval), *a cousin* (un cousin, une cousine)

Le nom peut s'employer seul ou faire partie d'un **groupe nominal**.

Ex. : ***Petrol*** *is very expensive in France.*
(L'essence est très chère en France.)
She's wearing ***a beautiful black dress****.*
(Elle porte une belle robe noire.)

À l'intérieur du groupe nominal, **l'ordre des mots** est généralement le suivant : déterminant + nom, ou déterminant + adjectif(s), etc. + nom.

Ex. : *There is* ***a motorbike*** *parked in front of the house.*
(Il y a une moto garée devant la maison.)
Have you seen ***my brown leather shoes****?*
(As-tu vu mes chaussures en cuir marron ?)

Enfin, le groupe nominal peut être remplacé par un **pronom** (cf. pp 96 à 98).

Ex. : *Yesterday, I met our new supplier.* (Hier j'ai rencontré notre nouveau fournisseur.) devient : *Yesterday I met* ***him****.*
(Je l'ai rencontré hier.)

Where is the bottle of milk? (Où est la bouteille de lait ?) devient : *Where is **it**?* (Où est-elle ?)

41 Le pluriel des noms

Formation

Il suffit généralement d'ajouter un -**s** à la fin du nom pour le mettre au pluriel.

Ex. : *a thing* (une chose) → *thing**s*** (des choses) ; *a day* (un jour) → *day**s*** (des jours).

Particularités orthographiques

- Les noms se terminant par *-s*, *-z*, *-x*, *-ch*, *-sh* et *-is* ont un pluriel en -***es***.

  Ex. : *a bus* (un bus) → *bus**es*** (des bus), *a box* (une boîte) → *box**es*** (des boîtes), *a dish* (un plat) → *dish**es*** (des plats) ; *a church* (une église) → *church**es*** (des églises).

- Les noms se terminant par *-o* ont un pluriel en -***es*** (sauf les mots d'origine étrangère).

  Ex. : *a tomato* (une tomate) → *tomato**es*** (des tomates) ; *a mosquito* (un moustique) → *mosquito**es*** (des moustiques).
  Mais : *a piano* (un piano) → *pianos* (des pianos).

- Les noms se terminant par une consonne + *y* ont un pluriel en -***ies***.

  Ex. : *a cherry* (une cerise) → *cherr**ies*** (des cerises) ; *a baby* (un bébé) → *bab**ies*** (des bébés).

- Les noms se terminant par *-f* ou *-fe* ont un pluriel en -***ves***.

  Ex. : *a leaf* (une feuille) → *lea**ves*** (des feuilles) ; *a wolf* (un loup) → *wol**ves*** (des loups) ; *a wife* (une épouse) → *wi**ves*** (des épouses).

Pluriels irréguliers

A man/a woman (un homme/ une femme) → *men/ women* (des hommes/ des femmes) ; *a child* (un enfant) → *children* (des enfants) ; *a foot* (un pied) → *feet* (des pieds) ; *a tooth* (une dent) → *teeth* (des dents) ; *a goose* (une oie) → *geese* (des oies) ; *a mouse* (une souris) → *mice* (des souris) ; *a louse* (un pou) → *lice* (des poux), etc.

42 Les noms composés

Formation

Un nom composé est formé de deux noms juxtaposés. C'est le second nom qui est le noyau. Le premier nom sert à le déterminer ou à le qualifier. Le sens de lecture d'un nom composé s'effectue donc de droite à gauche.

Ex. : *home + work = homework* (devoirs) ; *bus + driver = a bus driver* (un chauffeur de bus) ; *a horse-race* (une course de chevaux) mais *a race horse* (un cheval de course).

Seul le second nom peut prendre la marque du pluriel.

Ex. : *A detective story* (un roman policier) → *detective stories* (des romans policiers).

A service station (une station-service) → *service stations* (des stations-services).

L'orthographe des noms composés est variable. Les noms formant le nom composé peuvent :

- être réunis par un trait d'union ;

Ex. : *self-control* (le sang-froid), *a tea-cup* (une tasse à thé).

- être attachés ;

  Ex. : *honeymoon* (la lune de miel), *a flatmate* (un colocataire).

- être séparés ;

  Ex. : *rock climbing* (l'escalade), *a savings bank* (une caisse d'épargne), *the physics teacher* (le professeur de physique).

Remarque

Ces règles orthographiques ne sont pas strictes.

Les différents schémas de composition

Composition	Exemple
Nom + nom	*A tea bag* (un sachet de thé)
Nom + nom verbal	*Horse-riding* (l'équitation)
Nom verbal + nom	*A racehorse* (un cheval de courses)

Les pronoms

→ Testez-vous 141 à 154

43 Les pronoms personnels sujets et compléments

Formes

Les pronoms personnels sujets et compléments **varient en personne**, **en nombre** et, à la 3e personne du singulier, **en genre**. De plus, ils n'ont généralement pas la même forme selon qu'ils sont **sujets** ou **compléments**.

	Sujet	Complément
1re pers. sing.	*I* (je)	*me* (me, moi)
2e pers. sing.	*you* (tu)	*you* (te, toi)
3e pers. sing.	*he* (il) *she* (elle) *it** (il, elle)	*him* (le, lui) *her* (la, elle, lui) *it* (le, la, lui)
1re pers. pluriel	*we* (nous)	*us* (nous)
2e pers. pluriel	*you* (vous)	*you* (vous)
3e pers. pluriel	*they* (ils, elles)	*them* (les, leur)

* Le pronom personnel sujet ou complément *it* fait référence à un objet, à un animal, etc.).

Ex. : *Mary was there. I gave* ***her*** *the letter.* (Mary était là. Je lui ai donné la lettre.) → *her* renvoie à Mary.

I found a letter. I gave ***it*** *to Mary.* (J'ai trouvé une lettre. Je l'ai donnée à Mary.) → *it* renvoie à la lettre.

Autres règles

• Le pronom personnel complément se place toujours **après le verbe**.

Ex. : *I hope she will lend **me** her new necklace.*
(J'espère qu'elle me prêtera son nouveau collier.)
*Can you tell **them** we are coming?*
(Peux-tu leur dire que nous venons ?)

• Lorsque le verbe est un verbe à particule (cf. p. 148), le pronom personnel complément se place toujours entre le verbe et la particule.

Ex. : *I'm going to pick up the children.* (Je vais aller chercher les enfants.) devient : *I'm going to pick **them** up.* (Je vais aller les chercher.)

• Après ***it's*** et ***it was***, on utilise un pronom personnel complément.

Ex. : *Who did this? It's **me**.* (Qui a fait ça ? C'est moi.)
*Who bought these chocolates? It's **them**.*
(Qui a acheté ces chocolats ? Ce sont eux.)

• Pour traduire les expressions du type « mon mari et moi », « Paul et elle », on utilise les pronoms personnels **sujets**.

Ex. : ***My wife and I** will soon call you.*
(Ma femme et moi vous appellerons bientôt.)
*Her colleague and **she** go on very well with each other.*
(Sa collègue et elle s'entendent très bien.)

• Les formules du type « moi, je », « lui, il » se traduisent la plupart du temps simplement en accentuant le pronom personnel sujet **à l'oral**.

Ex. : *I get up at 6 every morning.*
(Moi, je me lève à 6 h tous les matins.)
***They** are not afraid.* (Eux, ils n'ont pas peur.)

44 Les pronoms possessifs

Un pronom possessif remplace un nom précédé d'un déterminant possessif. Il **s'accorde en personne et en nombre** avec le possesseur.
À la 3e personne du singulier, il s'accorde également **en genre** avec le possesseur : on emploie ***his*** quand le possesseur est un homme, ***hers*** quand le possesseur est une femme, ***its*** quand le possesseur n'est pas un être humain.

Formes

Possesseur	Singulier	Pluriel
1re personne	*mine* (le mien, la mienne, les miens, les miennes)	*ours* (le nôtre, la nôtre, les nôtres)
2e personne	*yours* (le tien, la tienne, les tiens, les tiennes)	*yours* (le vôtre, la vôtre, les vôtres)
3e personne	*his, hers, its* (le sien, la sienne, les siens, les siennes)	*theirs* (le leur, la leur, les leurs)

Ex. : *Don't bring your CDs, we'll listen to **mine**.*
(N'apporte pas tes CD, nous écouterons les miens.)
*Susan and Bob took your newspaper. I told them it was **yours** and not **theirs**.*
(Susan et Bob ont pris ton journal. Je leur ai dit que c'était le tien et non le leur.)

Remarque

Pour traduire l'expression « un de ses + nom », on utilise la structure *a* + nom + *of* + pronom possessif.

Ex. : *A friend of hers rang this afternoon.*

(Un de ses amis a appelé cet après-midi.)

45 Les pronoms réciproques et réfléchis

Les pronoms réciproques

Les deux pronoms réciproques sont les suivants : ***each other*** et ***one another***. Ils sont invariables et désignent un échange (de sentiments, d'actions, etc.) entre deux ou plusieurs sujets.

On emploie indifféremment les pronoms réciproques *each other* et *one another* lorsque deux ou plusieurs sujets exercent **une action l'un sur l'autre**.

Ex. : *Those people hate* ***each other/one another****.*

(Ces gens se haïssent.)

We can't look at ***each other/one another*** *without laughing!*

(Nous ne pouvons pas nous regarder l'un l'autre sans nous mettre à rire !)

Remarque

Certains verbes à sens réciproque s'emploient seuls, sans pronom réciproque : *meet* (se rencontrer), *gather* (se rassembler), *part* (se séparer), *fight* (se battre), *quarrel* (se disputer), *kiss* (s'embrasser), *marry* (se marier), etc.

Ex. : *What are you quarrelling about?*

(Pourquoi vous disputez-vous ?)

They have just married.

(Ils viennent de se marier.)

Les pronoms réfléchis

On emploie un pronom réfléchi au lieu d'un pronom personnel complément lorsque le sujet et le complément du verbe renvoient à la même personne, autrement dit lorsque l'action du sujet s'exerce sur lui-même.

Ex. : *I've cut* ***myself****!* (Je me suis coupé !)

Did you enjoy ***yourselves*** *at the zoo?*

(Vous vous êtes bien amusés au zoo ?)

On utilise aussi un pronom réfléchi pour signifier « tout seul », « sans aucune aide ». Le pronom peut dans ce cas être introduit par la préposition ***by***.

Ex. : *She's so proud! She did it* ***herself****.*

(Elle est si fière! Elle l'a fait elle-même.)

I'm ***by myself****.* (Je suis tout seul.)

Liste des pronoms réfléchis

1re pers. sing.	*myself* (moi-même)
2e pers. sing.	*yourself* (toi-même)
3e pers. sing.	*himself* (lui-même) *herself* (elle-même) *itself* (lui-même, elle-même)
1re pers. pluriel	*ourselves* (nous-mêmes)
2e pers. pluriel	*yourselves* (vous-mêmes)
3e pers. pluriel	*themselves* (eux-mêmes, elles-mêmes)

Remarques

La plupart des verbes pronominaux français se traduisent par des verbes anglais construits sans pronom réfléchi : *dress* (s'habiller), *wash* (se laver), *shave* (se raser), *feel* (se sentir), *relax* (se reposer), *concentrate* (se concentrer), *remember* (se rappeler), *wonder* (se demander), etc.

Ex. : *He got up, washed, shaved and dressed.*
(Il s'est levé, s'est lavé, s'est rasé et s'est habillé.)
I wonder why my colleague is so nervous.
(Je me demande pourquoi mon collègue est aussi nerveux.)

46 Les pronoms relatifs

Un pronom relatif :

- est un pronom car il remplace un groupe nominal (ou un pronom) qu'on appelle l'« antécédent ».
- relie (c'est pour cela qu'on l'appelle « relatif ») à la proposition principale une proposition subordonnée qui complète l'antécédent.

Formes des pronoms relatifs

Le pronom relatif varie selon la fonction qui lui est attribuée (sujet, complément d'objet ou cas possessif) et, éventuellement, selon que l'antécédent fait référence ou non à un être humain.

Fonction	Antécédent	Pronom relatif
sujet (« qui »)	humain non humain	*who* (ou that) *which* (ou that)
complément d'objet (« que »)	humain non humain	*whom* (ou that ou Ø) *which* (ou that ou Ø)
Cas possessif (« dont »)	humain non humain	*whose* *whose* ou *of which*

Emplois

(Pour plus de détails sur la phrase complexe, cf. p. 25)

Dans les subordonnées relatives déterminatives, le pronom relatif sujet ou complément d'objet est souvent remplacé par *that*.

Ex. : *Abraham Lincoln is the president* ***that (who)*** *abolished slavery.*
(Abraham Lincoln est le président qui a aboli l'esclavage.)
The book ***that (which)*** *he wrote deals with war.*
(Le livre qu'il a écrit traite de la guerre.)

Dans les subordonnées relatives déterminatives, le pronom relatif complément d'objet peut être omis. On parle alors de « pronom relatif zéro ».

Ex. : *Sarah is the actress* ***whom*** *I like best. = Sarah is the actress* ***Ø*** *I like best.* (Sarah est l'actrice que je préfère.)
Because of the delay, they had to reimburse all the tickets ***Ø*** *they had sold.*
(À cause du retard, ils ont dû rembourser tous les billets qu'ils avaient vendus.)

Le pronom relatif *whose* est employé pour exprimer un lien d'appartenance. Il est suivi du nom qu'il complète et se traduit par « dont ».

Ex. : *The man whose car is parked in front of my garage is my neighbour.* (L'homme dont la voiture est garée devant mon garage est mon voisin.)

Remarque

Même lorsque le possesseur n'est pas un être vivant, on préférera ***whose*** à ***of which***.

Ex. : *The mansion the shutters **of which** are closed is for sale.* (Le manoir dont les volets sont fermés est à vendre.) devient : *The mansion **whose** shutters are closed is for sale.*

Les pronoms relatifs particuliers

What et *which*

What et *which* sont des pronoms particuliers car ils « contiennent » leur antécédent.

What se traduit par « ce que ».

Ex. : *I know **what** I want.* (Je sais ce que je veux.)

***What** you mean is that he's going to be made redundant?*

(Ce que tu veux dire c'est qu'il va être licencié ?)

Which se traduit par « ce que » ou « ce qui ». La proposition qu'il introduit (isolée par une virgule) commente la proposition qui précède.

Ex. : *My parents smoke a lot, **which** I hate.*

(Mes parents fument beaucoup, ce que je déteste.)

*She intends to quit her job, **which** is nonsense!*

(Elle a l'intention de quitter son emploi, ce qui est stupide !)

Where, *when* et *why*

Where, *when* et *why* peuvent également servir de pronoms relatifs.

Where suit une indication de lieu et se traduit par le pronom relatif « où ».

Ex. : *Is this the house **where** you lived as a child?*
(Est-ce la maison où tu habitais quand tu étais enfant ?)
*This is the crossroads **where** so many accidents happened.*
(C'est le carrefour où tant d'accidents se sont produits.)

When suit une indication de temps et se traduit aussi par le pronom relatif « où ».

Ex. : *Do you remember the day **when** we fell into the river?*
(Te souviens-tu du jour où nous sommes tombés dans la rivière ?)
*Is 2005 the year **when** you got married?*
(Est-ce que 2005 est l'année où tu t'es mariée ?)

Why s'emploie dans des expressions du type *the reason why* (la raison pour laquelle).

Ex. : *He didn't tell me **the reason why** he postponed his appointment.*
(Il ne m'a pas dit la raison pour laquelle il a reporté son rendez-vous.)

Les adjectifs et les adverbes

→ Testez-vous 155 à 173

47 Les adjectifs : généralités

L'adjectif est invariable. Il ne s'accorde ni en genre, ni en nombre avec le nom qu'il qualifie, qu'il soit employé :

- dans un groupe nominal, dans la fonction d'**éphitète** ;
  Ex. : *I bought two* ***red*** *shirts.* (J'ai acheté deux chemises rouges.)
- dans un groupe verbal, dans la fonction d'attribut du sujet.
  Ex. : *His eyes and his hair are* ***brown****.*
  (Ses yeux et ses cheveux sont bruns.)

L'adjectif attribut

Un adjectif attribut est séparé du nom qu'il qualifie par un verbe d'état comme *be* (être) ou *become* (devenir), ou par un verbe de perception comme *look* (avoir l'air), *sound* (sembler, à l'oreille), *taste* (sembler, au goût), *smell* (sentir), *feel* (se sentir, ressentir), etc.

Ex. : ***Be*** *quiet! The baby* ***is*** *asleep.*
(Ne faites pas de bruit! Le bébé dort.)
It ***smells*** *good in here!* (Ça sent bon ici !)
I ***feel*** *tired.* (Je me sens fatiguée.)

Certains adjectifs apparaissent toujours en position d'attribut. Ce sont principalement les adjectifs qui commencent par le préfixe ***a***- : *afraid* (effrayé), *alive* (vivant), *alone* (seul), *asleep* (endormi), *awake* (éveillé), etc. Ce sont aussi des adjectifs tels que *content* (satisfait), *glad/ pleased* (content, heureux), *ill* (malade), etc.

Ex. : *We're **glad** you managed to be here today.*

(Nous sommes heureux que vous ayez pu venir aujourd'hui.)

*He's been **ill** for two weeks.*

(Il est malade depuis deux semaines.)

L'adjectif épithète

L'adjectif épithète est un constituant du groupe nominal. Il précède directement le nom qu'il qualifie.

Ex. : *My parents bought a French painting.*

(Mes parents ont acheté une peinture française.)

Plusieurs adjectifs peuvent venir qualifier un même nom. Ils se placent alors à un ordre précis :

• lorsqu'il n'y a que deux adjectifs, l'ordre est le suivant :

1. adjectifs subjectifs, d'opinion, 2. adjectifs objectifs, factuels ;

Ex. : *a nice new house* (une jolie maison neuve)

a greedy white cat (un chat blanc très gourmand)

• lorsqu'il y a plus de deux adjectifs, l'ordre à respecter est le suivant :

1. l'opinion, 2. la taille et/ ou la forme, 3. l'âge, 4. la couleur, 5. la provenance, 6. le matériau.

Ex. : *a beautiful round wooden table* (une belle table ronde en bois)

a lovely little old village (un joli petit village ancien)

48 Les différentes formes d'adjectifs

Les adjectifs prépositionnels

Certains adjectifs sont suivis d'une préposition. Les plus usités sont : *good/bad at* (bon/ mauvais en), *responsible for* (responsable de), *interested in* (intéressé par), *polite/rude to* (poli/ impoli envers), *pleased/ satisfied with* (content/ satisfait de), etc.

Ex. : *I'm not very good at maths and my teacher isn't satisfied with my work.*
(Je ne suis pas très bon en maths et mon professeur n'est pas satisfait de mon travail.)
Are you interested in modern art?
(L'art moderne vous intéresse-t-il ?)

Les adjectifs composés

Les adjectifs composés sont formés de deux mots. Ceux-ci peuvent être séparés, réunis par un trait d'union ou former un seul mot. Comme pour tout mot composé, la lecture se fait de droite à gauche.

On distingue plusieurs procédés de formation, selon la catégorie grammaticale des mots entrant dans la composition de l'adjectif. Par exemple :

Composition	Exemple
Adjectif + adjectif	*Jane has* ***green-blue*** *eyes*. (Jane a des yeux bleu-vert.)
Nom + adjectif	*I feel* ***homesick***. (J'ai le mal du pays.)
Adjectif + nom *-ed*	*We're looking for a* ***long-haired*** *man.* (Nous recherchons un homme aux cheveux longs.)
Adjectif + verbe *-ing*	*My husband is a* ***hard-working*** *man.* (Mon mari est quelqu'un qui travaille dur.)

Les adjectifs en *-ed* et en *-ing*

De nombreux adjectifs peuvent se terminer soit en *-ed* soit en *-ing*.

Ex. : *bored* (qui s'ennuie)/ *boring* (ennuyeux) ; *interested* (intéressé)/ *interesting* (intéressant) ; *tired* (fatigué)/ *tiring* (fatigant) ; *satisfied* (satisfait)/ *satisfying* (satisfaisant) ; *surprised* (surpris)/ *surprising* (surprenant) ; *disappointed* (déçu)/ *disappointing* (décevant) ; *deceived* (trompé)/ *deceiving* (trompeur) ; *shocked* (choqué)/ *shocking* (choquant).

Comparer les exemples suivants :

This training is ***exhausting****.* (Cette formation est épuisante.)/ *This training makes me feel* ***exhausted****.* (Je me sens épuisée par cette formation.)

She has made ***astonishing*** *progress.* (Elle a fait des progrès stupéfiants.)/ *She has learnt very fast, I'm* ***astonished****.* (Elle a appris très vite, je suis stupéfait.)

Les adjectifs substantivés

Un adjectif substantivé est un adjectif qui a la fonction d'un nom. Il est précédé de l'article défini ***the*** et désigne une catégorie de personnes (cf. p. 80). Bien qu'il ait alors un sens pluriel, il ne se met jamais au pluriel parce qu'il reste un adjectif.

Ex. : *The government wants* ***the rich*** *to pay higher taxes.*
(Le gouvernement souhaite que les riches paient plus d'impôts.)

Ambulances took ***the wounded*** *to hospital.*
(Des ambulances ont emmené les blessés à l'hôpital.)

49 Les adverbes : généralités

Un adverbe est un mot invariable. Il modifie le sens :

- d'un verbe ;

  Ex. : *I **usually** go shopping on Wednesdays.*

  (En général, je fais les courses le mercredi.)

  *We'll **perhaps** have time to go to the Empire State Building.*

  (Peut-être aurons-nous le temps d'aller à l'Empire State Building.)

- d'un adjectif ou d'un autre adverbe.

  Ex. : *We were **very** glad to meet your friend.*

  (Nous avons été très heureux de rencontrer ton ami.)

  *He is **never** late.* (Il n'est jamais en retard.)

La place de l'adverbe

Les règles concernant la place de l'adverbe ne sont pas strictes.

- Lorsqu'il modifie un verbe, l'adverbe ne sépare généralement pas le verbe de son complément direct et se place le plus souvent juste avant le verbe. S'il y a un auxiliaire, il se place donc entre l'auxiliaire et le verbe.

  Ex. : *She **carefully** wrote down the message.*

  (Elle nota le message avec soin.)

  *We are **still** waiting for our visitors.*

  (Nous attendons toujours nos visiteurs.)

- Mais on peut dire aussi :

  *She was tired, so she drove **carefully**.*

  (Elle se sentait fatiguée, alors elle a conduit prudemment.)

S'il y a plus d'un auxiliaire, l'adverbe se place le plus souvent après le premier.

Ex. : *She should **never** have resigned.*

(Elle n'aurait jamais dû démissionner.)

Lorsque l'adverbe modifie le verbe ***be***, il se place généralement après ce dernier.

Ex. : *Mergers are **usually** the best solution.*

(Les fusions constituent souvent la meilleure solution.)

Lorsque l'adverbe modifie un adjectif ou un autre adverbe, deux schémas sont possibles :

Ex. : *They bought a **reasonably cheap** hotel.*

(Ils ont acheté un hôtel à un prix raisonnablement bas.)

*The economic situation changed **incredibly quickly**.* (La situation économique a changé de manière incroyablement rapide.)

Enough et ***too much*** se placent après le verbe qu'ils modifient.

Ex. : *I haven't slept **enough**.* (Je n'ai pas assez dormi.)

*You've drunk **too much**!* (Tu as trop bu !)

50 Les différents types d'adverbes

Les adverbes de fréquence

Ils indiquent à quelle fréquence se fait l'action. Les principaux adverbes de fréquence sont : *never* (jamais), *hardly ever* (presque jamais), *seldom/rarely* (rarement), *sometimes* (parfois), *often* (souvent), *usually* (habituellement), *frequently* (fréquemment), *always* (toujours).

Ex. : *I **often** had nightmares when I was young.*

(Je faisais souvent des cauchemars quand j'étais jeune.)

*You are **hardly ever** early.* (Tu n'es presque jamais en avance.)

Remarque

Les adverbes de fréquence expriment une régularité, c'est pourquoi ils ne s'emploient pas aux temps progressifs (cf. fiche 7). *Always* fait exception. Au présent en *be* + V-*ing*, il exprime un reproche.

Ex. : *You're* ***always moaning****!* (Tu râles tout le temps !)

On peut ajouter à cette liste les adverbes suivants : *still* (toujours), *ever* (déjà, dans les questions), *already* (déjà, dans les phrases affirmatives), *no longer* (plus, dans les phrases négatives), *soon* (bientôt).

Ex. : *Have you* ***ever*** *listened to the BBC?* (Avez-vous déjà écouté la BBC ?)

They ***no longer*** *lend any money.* (Ils ne prêtent plus d'argent.)

Les adverbes en -*ly*

Les adverbes en -*ly* sont des adverbes de manière : ils renseignent sur la façon dont l'action est réalisée.

Ils se forment généralement comme suit : adjectif + -*ly*.

Ex. : *She* ***softly*** *kissed her baby.* (Elle embrassa doucement son bébé.)

The taxi driver was ***seriously*** *injured in the accident.* (Le chauffeur de taxi a été grièvement blessé dans l'accident.)

Il convient donc de ne pas confondre les adjectifs et les adverbes qu'ils permettent de former.

Comparer les exemples suivants :

My sister speaks ***perfect*** *Spanish.* (Ma sœur parle un espagnol parfait.) Mais : *My sister speaks Spanish* ***perfectly****.* (Ma sœur parle espagnol parfaitement.)

Attention :

Certains adverbes de manière ne se terminent pas par *-ly*. Par exemple : *fast* (rapidement), *well* (bien), *hard* (fort, dur), *late* (tard, en retard).

Ex. : *Alexander is a **good** pianist.* (Alexander est un bon pianiste.)
devient : *Alexander plays the piano **well**.* (Alexander joue bien du piano.)
*I can type very **fast**.* (J'écris très vite avec un clavier.)

Les adverbes de modalité

Certains adverbes en *-ly* ne sont pas des adverbes de manière. Ce sont des adverbes de modalité, c'est-à-dire qu'ils renseignent sur le degré d'accomplissement ou de réalité de l'action. Par exemple : *hardly*, *scarcely*, *barely* (à peine), *nearly* (presque, qui est synonyme de *almost*), *only*, *merely* (seulement), *really* (vraiment), *actually* (en fait), etc.

Ex. : *He **nearly** fell off the ladder.*
(Il a failli tomber de l'échelle.)
*My neighbours **hardly** know each other.*
(Mes voisins se connaissent à peine.)
*I **only** wrote twenty pages yesterday.*
(Je n'ai écrit que vingt pages hier.)

Comme autres adverbes de modalité citons : *just* (juste), *quite* (tout à fait), *even* (même).

Ex. : *I **quite** agree.*
(Je suis tout à fait d'accord.)
*He didn't **even** apologize.*
(Il ne s'est même pas excusé.)

51 Le comparatif

Il existe trois types de comparatifs : le comparatif de supériorité (« plus… que »), le comparatif d'égalité (« aussi… que ») et le comparatif d'infériorité (« moins… que »).

Le comparatif de supériorité

Le comparatif de supériorité permet de comparer deux éléments ou deux groupes d'éléments en signalant que l'un est supérieur à l'autre.

Pour mettre un adjectif au comparatif de supériorité, il convient de différencier les adjectifs courts des adjectifs longs.

Les **adjectifs courts** sont soit des adjectifs d'une syllabe : *big* (gros), *hot* (chaud), etc., soit des adjectifs de deux syllabes terminés par *-y* : *easy* (facile), *funny* (drôle), etc.

Les **adjectifs longs** sont des adjectifs de deux syllabes ou plus : *anxious* (nerveux), *expensive* (cher), etc.

S'il est exprimé, le second terme de la comparaison est introduit par *than*.

Le procédé de formation est le suivant :

Type d'adjectif	Formation du comparatif	Exemples
Adjectif court	adjectif + *-er* [+ *than*]	*A cheetah is faster than a tiger.* (Un guépard est plus rapide qu'un tigre.) *Your story was funnier than mine.* (Ton histoire était plus drôle que la mienne.)

Adjectif long	*more* + adjectif [+ *than*]	*Our new car is more comfortable than the old one.* (Notre nouvelle voiture est plus confortable que l'ancienne.)

Il existe trois **exceptions** :

good (bon) → *better* (mieux ; meilleur)

bad (mauvais) → *worse* (pire)

far (loin, éloigné) → *farther* (plus loin, au sens géographique), *further* (plus loin, au sens figuré)

Remarque

La formation du comparatif de supériorité entraîne certaines modifications orthographiques :

- les adjectifs de trois lettres répondant au schéma consonne + voyelle + consonne doublent leur dernière consonne devant *-er* ;
  Ex. : *fat* (gros) → *fatter* (plus gros), *hot* (chaud) → *hotter* (plus chaud).

- lorsqu'on leur ajoute *-er*, les adjectifs de deux syllabes en *-y* se terminent en *-ier* ;
  Ex. : *happy* (heureux) → *happier* (plus heureux), *easy* (facile) → *easier* (plus facile).

Le comparatif d'égalité

Le comparatif d'égalité permet de comparer deux éléments ou deux groupes d'éléments en établissant une équivalence.

Le procédé de formation est le même pour les adjectifs courts et les adjectifs longs. Il suit le schéma suivant : *as* + adjectif + *as*.

Ex. : *It's **as** simple **as** that!* (C'est aussi simple que cela !)

*She's **as** well-qualified **as** him.* (Elle est aussi qualifiée que lui.)

La négation se construit ainsi : *not as* (ou *not so*) + adjectif + *as*.

Ex. : *Walking is **not as** quick **as** taking the bus.*

(Marcher n'est pas aussi rapide que prendre le bus.)

*This man **isn't so** clever **as** I thought.*

(Cet homme n'est pas aussi intelligent que je le pensais.)

Pour exprimer l'égalité, on peut également utiliser :

- ***the same as***

Ex. : *George is **the same** age **as** Laura.*

(George a le même âge que Laura.)

*"What would you like to drink?" "I'll have **the same as** you."*

(« Que voulez-vous boire ? » « Je prendrai la même chose que vous. »)

Remarque

Le contraire de ***the same as*** est ***different from***.

Ex. : *His new novel is very **different from** the previous one.*

(Son nouveau roman est très différent du précédent.)

- ***As*** et ***like***

As exprime une identité et se traduit par « comme », « en tant que ».

Ex. : ***As** a manager, he has to make decisions.*

(En tant que manageur, il doit prendre des décisions.)

As you know, we've reached a consensus.
(Comme vous le savez, nous avons obtenu un consensus.)

Certains verbes peuvent se construire avec *as* : *dress* (s'habiller), *treat* (considérer), etc.

Ex. : *You can't go out **dressed as** a clown!*
(Tu ne peux pas sortir habillé comme un clown !)
*Don't **treat** me **as** a baby!* (Ne me traite pas comme un bébé !)

Like exprime simplement une ressemblance et se traduit par « comme ».

Ex. : ***Like** the manager, he has to make difficult decisions.*
(Tout comme le manageur, il doit prendre des décisions difficiles.)
*There's nobody **like** him.* (Il n'y a personne comme lui.)

Remarque

La préposition de sens contraire est *unlike* (« contrairement à »).

Ex. : *I prefer working late at night, **unlike** my husband who gets up very early.* (Je préfère travailler tard le soir, contrairement à mon mari qui se lève très tôt.)

Le comparatif d'infériorité

Le comparatif d'infériorité permet de comparer deux éléments ou deux groupes d'éléments en signalant que l'un est inférieur à l'autre. Le procédé de formation est le même pour les adjectifs courts et les adjectifs longs. Il suit le schéma suivant : *less* + adjectif + *than*.

Ex. : *I think the last episode of this series was **less** interesting **than** the others.* (Je trouve que le dernier épisode de cette série était moins intéressant que les autres.)

*The highway is **less** crowded **than** usual.* (Il y a moins de monde que d'habitude sur l'autoroute.)

Remarque

Less s'emploie plus rarement que son équivalent français « moins ». Ainsi, on dira plus volontiers *smaller* que *less big*, *cheaper* que *less expensive*.

52 Le superlatif

On emploie un adjectif au superlatif afin de comparer un élément ou un groupe d'éléments à tous les autres. Il existe deux types de superlatifs : le superlatif de supériorité (« le plus… ») et le superlatif d'infériorité (« le moins… »).

Le superlatif de supériorité

Pour mettre un adjectif au superlatif de supériorité, il convient de différencier les adjectifs courts des adjectifs longs. La règle est la même que pour le comparatif de supériorité (cf. p.113).

Le superlatif de supériorité se forme de la façon suivante :

Type d'adjectif	Formation du superlatif	Exemples
Adjectif court	*the* + adjectif + *-est*	*Mount Blanc is the highest peak in Europe.* (Le mont Blanc est le plus haut sommet d'Europe.)
Adjectif long	*the most* + adjectif	*Albert Einstein is the most famous scientist of the 20th century.* (Albert Einstein est le scientifique le plus connu du XXe siècle.)

Il existe trois **exceptions** :
good (bon) → *the best* (le meilleur/ la meilleure)
bad (mauvais) → *the worst* (le pire/ la pire)
far (loin, éloigné) → *the furthest* (le plus loin)

Le superlatif d'infériorité

Le procédé de formation est le même pour les adjectifs courts et les adjectifs longs : *the least* + adjectif.

Ex. : *This is **the least interesting** book I've ever read!*
(C'est le livre le moins intéressant que j'aie jamais lu !)
*These were **the best** years of my life.*
(C'étaient les meilleures années de ma vie.)

Remarque

Least s'emploie plus rarement que son équivalent français « le moins ». Ainsi, on dira plus volontiers *the furthest* que *the least close*, *the most unreliable* que *the least reliable*, *the cheapest* que *the least expensive*, etc.

Le complément du superlatif

Lorsqu'il est exprimé, le complément du superlatif est introduit soit par la préposition ***in*** soit par la préposition ***of***.

On utilise ***in*** avec des noms de lieux.

Ex. : *This is the biggest store **in** the mall.*
(C'est le plus grand magasin du centre commercial.)

On utilise ***of*** avec une expression de temps.

Ex. : *Yesterday was the coldest day **of** the year.*
(Hier a été le jour le plus froid de l'année.)

53 Le comparatif et le superlatif des adverbes

Pour mettre un adverbe au comparatif ou au superlatif, il faut suivre les mêmes règles que pour les adjectifs.

Ex. : *They got there **less quickly than** yesterday.*
(Ils sont arrivés moins rapidement qu'hier.)
*She promised she would stay **longer** next time.*
(Elle a promis qu'elle resterait plus longtemps la prochaine fois.)
*You should take holidays **more often**.*
(Vous devriez prendre des vacances plus souvent.)

Attention :

Contrairement aux adjectifs de deux syllabes terminés par *-y*, les adverbes de deux syllabes en *-ly* ne sont pas considérés comme des adverbes courts.

Ex. : *Could you play **more quietly**, please?* (Pourriez-vous jouer plus calmement, s'il vous plaît ?)

Remarque

Le comparatif de certains adjectifs peut parfois s'employer avec un sens d'adverbe : *easier* = *more easily* (plus facilement), *quicker* = *more quickly* (plus rapidement), *louder* = *more loudly* (plus fort).

Ex. : *Easier said than done!* (Plus facile à dire qu'à faire !)

La quantité

→ Testez-vous 174 à 189

54 Les dénombrables et les indénombrables

Les **noms communs** se classent en **deux catégories** : les noms dénombrables et les noms indénombrables.

Reconnaître la catégorie d'un nom permet de lui associer un déterminant approprié.

Les noms dénombrables

Ils désignent des êtres, des objets ou des événements que l'on peut dénombrer, c'est-à-dire compter.

Il est donc possible de les faire précéder :

- au singulier, de l'article indéfini ***a/an***, du déterminant numéral ***one*** ou de l'article défini singulier ***the***.

  Ex. : *He's found **a** ten-pound note.*
  (Il a trouvé un billet de dix livres.)
  *They sold **one** horse last month.*
  (Ils ont vendu un cheval le mois dernier.)
  *Where is **the** screwdriver?* (Où est le tournevis ?)

- au pluriel, de l'article pluriel ***the*** ou du déterminant numéral précisant le nombre d'éléments.

  Ex. : ***The** goods have just been delivered.*
  (On vient de livrer la marchandise.)
  *We have **three** rabbits at home.*
  (Nous avons trois lapins à la maison.)

- au pluriel, de l'**article zéro** pour désigner des ensembles d'éléments au pluriel (cf. p.82).

  Ex. : *Ø Cockroaches are Ø disgusting insects.* (Les cafards sont des insectes dégoûtants.)

On distingue deux catégories de noms dénombrables :

- les noms concrets ;

  Ex. : *table* (table), *bird* (oiseau), *wheel* (roue), *bag* (sac), *pen* (stylo), *key* (clé), etc.

- certains noms abstraits.

  Ex. : *trip, journey* (voyage), *mistake* (erreur), *blunder* (gaffe), *idea* (idée), *event* (événement), *ordeal* (épreuve), *joke* (plaisanterie), *laugh* (rire), *nuisance* (ennui), etc.

  Ex. : *Did you have **a** good journey?* (Avez-vous fait bon voyage ?)

  *It's **a** joke!* (C'est une blague !)

  *What **a** nuisance!* (Comme c'est ennuyeux !)

Les noms indénombrables

Les noms indénombrables désignent des objets, des activités, des notions qui **ne peuvent pas être comptés en unités distinctes**, qui **ne peuvent pas être dénombrés**.

Il est donc impossible :

- de les faire précéder, au singulier, de l'article indéfini ***a/an*** ou du déterminant numéral ***one***.

  Ex. : *I love butter.* (J'adore le beurre.)

  This luggage is too heavy. (Ces bagages sont trop lourds.)

- de les mettre au pluriel.

  This is bad news! (C'est une mauvaise nouvelle !)

My lawyer gave me very good advice. (Mon avocat m'a donné de très bons conseils.)

On distingue plusieurs catégories de noms indénombrables :

- les noms d'aliments, de matériaux, etc.

  Par exemple : *water* (eau), *tea* (thé), *coffee* (café), *bread* (pain), *toast* (toast), *butter* (beurre), *flour* (farine), *sugar* (sucre), *meat* (viande), *spaghetti* (spaghetti), *spinach* (épinards), etc. ; *wool* (laine), *silk* (soie), *wood* (bois), *gravel* (graviers), *paper* (du papier), etc.

  Ex. : *She never eats rice.* (Elle ne mange jamais de riz.)

  Silk is very expensive. (La soie coûte très cher.)

- les noms à sens collectif ;

  Par exemple : *furniture* (meubles), *luggage/baggage* (bagages), *rubbish* (déchets), etc.

  Ex. : *I've lost my luggage.* (J'ai perdu mes bagages.)

  There's too much furniture in this living-room.

  (Il y a trop de meubles dans ce salon.)

- les noms pluriels désignant des objets formés de deux parties symétriques ;

  Par exemple : *shorts* (un short), *trousers* (un pantalon), *jeans* (un jean), *scissors* (une paire de ciseaux), *glasses* (lunettes), etc.

  Ex. : *Where are my shorts?* (Où est mon short ?)

- les noms d'activités humaines

  Par exemple : *travel/ travelling* (les voyages), *football* (football), *music* (musique), *cooking* (cuisine), etc.

  Ex. : *I can't stand shopping!*

  (Je ne suppporte pas de faire les magasins !)

  My son wants to play basketball next year.

  (Mon fils veut jouer au basketball l'année prochaine.)

- la plupart des noms abstraits

  Par exemple : *information* (des renseignements), *news* (des nouvelles), *knowledge* (les connaissances, le savoir), *progress* (les progrès), *advice* (des conseils), *evidence* (des preuves), *accommodation* (le logement), *humour* (l'humour), *luck* (la chance), *peace* (la paix), *behaviour* (le comportement), *courage* (le courage), *shyness* (la timidité), *contempt* (le mépris), *madness* (la folie), *tact* (le tact), *damage* (les dommages), *permission* (la permission), *traffic* (la circulation), *weather* (le temps), *chaos* (le chaos), *scenery* (le paysage), *work* (le travail), *anger* (la colère), etc.

  Ex. : *Let's have fun!* (Amusons-nous !)

  There's a lot of traffic today.

  (Il y a beaucoup de circulation aujourd'hui.)

Cependant, de nombreux noms peuvent être utilisés à la fois comme noms dénombrables et noms indénombrables.

Comparer les exemples suivants :

Dénombrable	Indénombrable
*I've heard **a noise**.* (J'ai entendu un bruit.)	*There's **too much noise** in this office.* (Il y a trop de bruit dans ce bureau.)
*There's **a hair** in my soup!* (Il y a un poil dans ma soupe !)	*I had **my hair** cut this morning.* (Je me suis fait couper les cheveux ce matin.)
*There are **six rooms** on the first floor.* (Il y a six pièces au premier étage.)	*There isn't **enough room** for a piano.* (Il n'y a pas assez de place pour un piano.)
*We had **a wonderful time**!* (Nous avons passé un moment merveilleux !)	*Have you got **time** for a drink?* (Tu as le temps de prendre un verre ?)

Il existe différentes façons de dénombrer un nom indénombrable, de désigner une unité, selon la catégorie à laquelle appartient le nom. Certains noms indénombrables ont un équivalent dénombrable. Comparer les exemples suivants :

Indénombrable	Dénombrable
I'm looking for ***work****.* (Je cherche du travail.)	*I'm looking for* ***a job****.* (Je cherche un travail.)
This furniture *is ugly.* (Ces meubles sont laids.)	***Those armchairs*** *are ugly.* (Ces fauteuils sont laids.)
What beautiful ***scenery****!* (Quel beau paysage !)	*What* ***a*** *beautiful* ***view****!* (Quelle belle vue !)
You've got ***too much luggage****!* (Tu as trop de bagages !)	***Your suitcase and bag*** *won't fit in the rack.* (Ta valise et ton sac n'entreront pas dans le porte-bagages.)
That's ***very bad avice****!* (C'est un très mauvais conseil !)	*That's* ***a very bad suggestion****!* (C'est une très mauvaise suggestion !)
I prefer ***fiction*** *to documentaries.* (Je préfère la fiction aux documentaires.)	*I only read* ***short stories****.* (Je ne lis que des nouvelles.)
That was ***good laughter****!* (On a bien ri !)	*We had* ***a good laugh****!* (On a bien ri !)
Could you lend me some ***money****, please?* (Pourrais-tu me prêter de l'argent, s'il te plaît ?)	*Could you lend me* ***100 pounds****, please?* (Pourrais-tu me prêter 100 livres, s'il te plaît ?)

On peut utiliser un partitif, qui varie selon le nom concerné :

Indénombrable	Partitif
bread (pain)	*a loaf of bread* (un pain)
rice (riz), *milk* (lait), etc.	*a bowl of rice/milk* (un bol de riz/lait)
tea (thé), *coffee* (café), etc.	*a cup of tea/coffee* (une tasse de thé/café)
wine (vin), *orange juice* (jus d'orange), etc.	*a glass of wine/orange juice* (un verre de vin/ jus d'orange)
cake (gâteau)	*a slice of cake* (une part de gâteau)
furniture (meubles)	*a piece of furniture* (un meuble)
advice (conseils)	*a piece of advice* (un conseil)
information (renseignements), *news* (nouvelles)	*a piece of information/news* (un renseignement, une nouvelle)
trousers (un pantalon), *glasses* (des lunettes)	*A pair of trousers* (un pantalon), *a pair of glasses* (une paire de lunettes)

55 Some, any, no *et leurs composés*

Some, any et *no*

Ce sont des déterminants indéfinis qui s'emploient le plus souvent dans le sens de l'article partitif français (« du », « de la », « des »). Ce sont des **quantifieurs** exprimant « une certaine quantité de ».

Ils s'utilisent :

- devant des **noms dénombrables pluriels**. Ils représentent dans ce cas le pluriel de l'article indéfini ***a/ an*** et font référence à « un certain nombre de » ;

  Ex. : *There are **some** people gathered in front of the Prefecture.*
  (Il y a des gens rassemblés devant la préfecture.)

*I don't have **any** gloves. Could you lend me **some**?*
(Je n'ai pas de gants. Peux-tu m'en prêter ?)
*There are **no** biscuits left.* (Il ne reste plus de biscuits.)

• devant des **noms singuliers indénombrables**. Ils font alors référence à « une certaine quantité de ».

Ex. : *You should put **some** jam on your bread.*
(Tu devrais mettre de la confiture sur ton pain.)
*I haven't read **any** fiction for ages.*
(Ça fait très longtemps que je n'ai pas lu de fiction.)
*I've got **no** money.* (Je n'ai pas d'argent.)

Some

On l'emploie dans les phrases affirmatives.

Ex. : *I have **some** letters to write.* (J'ai des lettres à écrire.)
*I'd like **some** milk in my tea.* (Je voudrais du lait dans mon thé.)

Some s'emploie également dans les phrases interrogatives comme marque de politesse, pour montrer que l'on espère une réponse positive, en particulier quand on offre quelque chose (*any* serait dans ce cas interprété comme une marque d'indifférence peu polie).

Ex. : *Would you like **some** bread?* (Prendrez-vous du pain ?)
*I've made some cookies. Do you want **some**?*
(J'ai fait des cookies. Tu en veux ?)

Any

On l'emploie dans les phrases négatives ainsi que dans les phrases interrogatives pour remplacer *some*.

Ex. : *There is**n't any** electricity in this cottage.*
(Il n'y a pas d'éléctricité dans cette maison de campagne.)
*Have you got **any** objections?* (Avez-vous des objections ?)

On trouve également *any* dans les phrases affirmatives. Il signifie alors « n'importe quel » et précède un nom dénombrable singulier.

Ex. : ***Any** bicycle will do.* (N'importe quel vélo fera l'affaire.)

*You can come **any** time.* (Tu peux venir à n'importe quel moment.)

Remarque

On n'utilise ni *some* ni *any* lorsqu'il n'y a pas de notion de quantité ou lorsqu'il s'agit de grandes quantités.

Ex. : *You should drink milk, it's good for health.*

(Tu devrais boire du lait, c'est bon pour la santé.)

There are trees everywhere in Canada.

(Il y a des arbres partout au Canada.)

No

Dans une phrase affirmative, *no* peut remplacer *not any* avec le même sens négatif.

Ex. : *It's too late. There are **no** shops open.*

(Il est trop tard. Les magasins ne sont pas ouverts.)

*Jack will have **no** difficulty finding a new job.*

(Jack n'aura pas de difficulté à trouver un nouvel emploi.)

Remarque

None et ***none of*** ont le même sens d'absence de quantité. *None* s'emploie seul et *none of* est suivi d'un nom ou d'un pronom.

Ex. : *They've eaten all the sweets. There are **none** left.*

(Ils ont mangé tous les bonbons. Il n'y en a plus.)

***None of** the pupils were listening to the teacher.*

(Aucun des élèves n'écoutait le professeur.)

Leurs composés

Ils suivent les mêmes règles d'emploi que *some*, *any* et *no*.

Les composés de *some*

Somebody/ someone (quelqu'un)

Something (quelque chose)

Somewhere (quelque part)

Somehow (d'une façon ou d'une autre)

Ex. : *Has **something** happened?*

(Est-il arrivé quelque chose ?)

*There's **someone** at the door.*

(Il y a quelqu'un à la porte.)

*I can't find the keys. They must be **somewhere**!*

(Je ne trouve pas les clés. Elles doivent bien être quelque part !)

Les composés de *any*

Anybody/ anyone (quelqu'un ; n'importe qui ; personne)

Anything (quelque chose ; n'importe quoi ; rien)

Anywhere (partout ; n'importe où ; nulle part)

Anyhow/ anyway (quand même, de toute façon)

Ex. : *She hasn't been seen **anywhere**.*

(On ne l'a vue nulle part.)

*Have a try! **Anyone** can win!*

(Tentez votre chance! N'importe qui peut gagner !)

*Whatever you say, they'll do it **anyhow**.*

(Quoique vous disiez, ils le feront quand même.)

Les composés de *no*

Nobody/ no one (personne)

Nothing (rien)

Nowhere (nulle part)

Ex. : *I have **nowhere** to sleep tonight.*

(Je n'ai nulle part où dormir ce soir.)

***Nobody** knows me in this town.*

(Personne ne me connaît dans cette ville.)

*We're getting bored. We've got **nothing** to do.*

(Nous nous ennuyons. Nous n'avons rien à faire.)

Ces composés peuvent également se construire avec ***every*** :

Everybody/ everyone (tout le monde, tous)

Everything (tout)

Everywhere (partout)

Ex. : *There's blood **everywhere**.* (Il y a du sang partout.)

*Listen, **everybody**!* (Écoutez tous !)

*I'm proud! I can understand **everything** you say.*

(Je suis fier ! Je comprends tout ce que vous dites.)

56 Les petites et les grandes quantités

Les quantifieurs permettant d'exprimer de petites quantités sont ***(a) little*** et ***(a) few***.

Les quantifieurs permettant d'exprimer de grandes quantités sont ***much***, ***many*** et ***a lot of***.

Leur emploi dépend du type de nom qu'ils précèdent : dénombrable ou indénombrable. Seul *a lot of* peut précéder à la fois des noms dénombrables et indénombrables.

(A) little/(a) few

Ces quantifieurs expriment l'idée d'une petite quantité. Ils se traduisent tous deux par « peu de ».

Little détermine un nom indénombrable.

Few détermine un nom dénombrable pluriel.

Ex. : *I've got very **little** petrol left.*

(Il ne me reste que très peu d'essence.)

*Unfortunately, **few** pupils study Russian.*

(Malheureusement, peu d'élèves étudient le russe.)

Lorsqu'ils sont précédés de ***a***, *little* et *few* se traduisent par « un peu de ».

Ex. : *I'll have **a little** water, please.*

(Je prendrai un peu d'eau, s'il vous plaît.)

*Can I ask **a few** questions?*

(Puis-je vous poser quelques questions ?)

Much, many, a lot of

Ils expriment l'idée d'une grande quantité. Ils se traduisent par « beaucoup de ».

Much et *many*

Much détermine un nom indénombrable.

Many détermine un nom dénombrable pluriel.

Les deux s'emploient principalement dans les phrases négatives et interrogatives.

Ex. : *There is**n't much fog** today.*

(Il n'y a pas beaucoup de brouillard aujourd'hui.)

Did you have many difficulties *finding your way to the office?*

(Avez-vous rencontré beaucoup de difficultés pour trouver votre chemin jusqu'au bureau ?)

Précédés de l'adverbe ***too***, *much* et *many* indiquent un excès (« trop de »).

Ex. : *We can't go out sailing : there's **too much** wind.*

(Nous ne pouvons pas sortir en mer : il y a trop de vent.)

*Don't you think there were **too many** eggs in that omelette?*

(Ne penses-tu pas qu'il y avait trop d'œufs dans cette omelette ?)

Précédés de l'adverbe **so**, *much* et *many* servent à exprimer une exclamation.

Ex. : *I love you **so much**!* (Je t'aime tellement !)

*There are **so many** poppies in that field!*

(Il y a tant de coquelicots dans ce champ !)

A lot of

A lot of (ou ***plenty of***) remplace le plus souvent *much* et *many* dans les phrases affirmatives et peuvent déterminer à la fois des noms dénombrables et indénombrables. Il se traduit également par « beaucoup de ».

Ex. : *The children collected **a lot of** sweets for Halloween.*

(Les enfants ont récolté beaucoup de bonbons pour Halloween.)

*He earned **plenty of** money last year.*

(Il a gagné beaucoup d'argent l'année dernière.)

Remarque

Pour traduire l'idée de grande quantité, on peut également remplacer *much* par ***a great deal of*** (une grande quantité de) et *many* par ***lots of*** ou ***a great many*** (beaucoup de), ou encore par ***a large number of*** (un grand nombre de).

57 D'autres quantifieurs

Each et *every*

Ils se traduisent par « chaque » et sont suivis d'un nom dénombrable singulier.

Le choix de l'un ou de l'autre permet cependant d'introduire une légère différence de sens :

- avec ***every***, le locuteur passe en revue tous les éléments d'un ensemble ;

  Ex. : ***Every*** *child must put a life jacket on before coming on board.* (Chaque enfant doit mettre un gilet de sauvetage avant de monter à bord.) = Tous les enfants.

  She has read ***every*** *poem by Keats.*

  (Elle a lu chaque poème de Keats.) = Tous les poèmes.

- avec ***each***, le locuteur s'arrête sur chacun des éléments de l'ensemble.

  Ex. : *We want* ***each*** *student to succeed.*

  (Nous voulons que chaque étudiant réussisse.)

  We have ***each*** *ordered a meal.* (Nous avons chacun commandé un repas.) → Ici *each* est employé comme pronom.

Each peut être suivi de ***of*** + groupe nominal ou pronom, et *every* de ***one of*** + groupe nominal ou pronom.

Ex. : *I've already read* ***each of*** *these magazines. = I've already read* ***every one of*** *these magazines.* (J'ai déjà lu chacun de ces magazines.)

Both (of), most (of), all (of)

Ils indiquent tous des ordres de grandeur différents lorsqu'il s'agit de considérer un ensemble d'éléments.

Both (of)

Both représente un ensemble de deux éléments. Il se traduit par « les deux » ou « tous/toutes les deux ».

Il peut être suivi d'un nom ou d'un groupe nominal introduit par un déterminant (article, déterminant possessif ou démonstratif).

Ex. : *We are **both** invited to Fiona's wedding.*
(Nous sommes tous les deux invités au mariage de Fiona.)
***Both** restaurants are very expensive.*
(Ces restaurants sont tous les deux très chers.)

Both peut être traduit par « à la fois » lorsqu'il fait référence non pas à deux éléments, mais à deux caractéristiques d'un même sujet. *Both* est alors un adverbe.

Ex. : *Mary is **both** pretty and clever.*
(Mary est à la fois jolie et intelligente.)
*William Shakespeare was **both** a poet and a playwright.*
(William Shakespeare était à la fois un poète et un dramaturge.)

Both of peut être suivi d'un groupe nominal introduit, par exemple, par un autre déterminant (article, déterminant possessif ou démonstratif) d'un pronom personnel ou d'un pronom relatif (dans ce cas, la préposition ***of*** est obligatoire).

Ex. : ***Both of** us were very embarrassed.*
(Nous étions tous les deux très embarrassés.)
*There are only two bridges, **both of** which are being repaired.*
(Il n'y a que deux ponts, qui sont tous les deux en réparation.)

Most (of)

Most signifie que le locuteur considère un ensemble d'éléments dans sa quasi-totalité. Il se traduit par « la plupart de », « la plus grande partie de », « la majorité de ».

Il est employé devant un nom pluriel.

Ex. : ***Most** families have a TV set at home.*

(La plupart des familles ont un poste de télévision à la maison.)

***Most** tourists visit the Eiffel Tower.*

(La majorité des touristes visitent la tour Eiffel.)

Most of peut être suivi d'un groupe nominal introduit par un déterminant (article, déterminant possessif ou démonstratif) ou par un pronom personnel (dans ce cas, la préposition ***of*** est obligatoire).

Ex. : ***Most of** you will be transferred to Germany next year.*

(La plupart d'entre vous serez mutés en Allemagne l'année prochaine.)

***Most of** your problems may have a solution.*

(La plupart de tes problèmes ont probablement une solution.)

All (of)

All signifie que le locuteur considère un ensemble d'éléments dans sa totalité. Il se traduit par « tout », « toute », « tous » ou « toutes ». Il peut être suivi d'un nom ou d'un groupe nominal introduit par un autre déterminant (article, déterminant possessif ou démonstratif).

Il peut déterminer :

- un nom au singulier ;

Ex. : *Take her to hospital with **all** possible care.*

(Emmenez-la à l'hôpital avec tout le soin possible.)

*She worked **all** her life for the same company.*

(Elle a travaillé toute sa vie pour la même entreprise.)

• un nom au pluriel.

Ex. : ***All*** *children need love.*
(Tous les enfants ont besoin d'amour.)
All *the objectives have been reached.*
(Tous les objectifs ont été atteints.)

Attention :

• Il ne faut pas confondre ***all*** qui peut être suivi d'un nom dénombrable ou indénombrable, et ***whole*** (tout entier, complet), qui ne peut être suivi que d'un nom dénombrable.

Comparer les exemples suivants :

She kept writing ***all*** *night.* (Elle a écrit toute la nuit.) Mais : *She spent the* ***whole*** *night writing.* (Elle a passé la nuit entière à écrire.)

Il convient de bien faire la distinction entre ***all*** + nom pluriel, qui permet d'exprimer une généralité (Ex. : ***all*** *children*, tous les enfants en général), et ***all the*** + nom pluriel, qui s'emploie pour désigner la totalité des éléments d'un ensemble précis (Ex. : ***all the*** *children*, tous les enfants dont il est question dans l'énoncé).

All of peut être suivi d'un groupe nominal introduit par un déterminant (article, déterminant possessif ou démonstratif) ou par un pronom personnel complément (dans ce cas, la préposition ***of*** est obligatoire).

Ex. : ***All of*** *you must be here tomorrow morning at 8.*
(Vous devez tous être là demain matin à 8h.)
My assistant has corrected ***all of*** *my typos.*
(Mon assistant a corrigé toutes mes fautes de frappe.)

Les prépositions

→ Testez-vous 190 à 200

58 Les prépositions de temps

Les prépositions de temps

Les trois principales prépositions de temps sont : ***at***, ***on*** et ***in***.

At est employé :

- pour faire référence à un horaire ou à un moment précis de la journée ;

  Par exemple : *at 8 o'clock* (à 8 h/20 h), *at 11.35* (à 11 h 35/ 23 h 35), *at midnight* (à minuit), *at lunchtime* (à l'heure du déjeuner), *at midday/noon* (à midi), *at dawn* (à l'aube), *at sunset* (au coucher du soleil), etc.

  Ex. : *He arrived **at** 5 pm and left ten minutes later.*
  (Il est arrivé à 17 heures et est reparti dix minutes plus tard.)
  *I love watching the stars **at** sunset.*
  (J'adore regarder les étoiles au coucher du soleil.)
  *You weren't here **at** midnight.* (Tu n'étais pas là à minuit.)

- pour indiquer un moment précis de la semaine, de l'année, etc. ;
  Par exemple : *at the weekend/at weekends* (le weekend), *at Christmas* (à Noël), *at Easter* (à Pâques), etc.
  Ex. : *Did you visit your family **at** Christmas?*
  (As-tu rendu visite à ta famille à Noël ?)

*What do you usually do **at** weekends?*
(Que faites-vous habituellement le weekend ?)

• dans certaines expressions comme : *at the moment/at present* (en ce moment), *at the same time* (en même temps).
Ex. : *He's flying to Scotland **at** the moment.*
(Il est dans l'avion pour l'Écosse en ce moment.)
*He can work and listen to the radio **at** the same time.*
(Il peut travailler et écouter la radio en même temps.)

Remarque

L'expression interrogative utilisée pour demander l'heure se construit sans ***at***.
Ex. : ***What time** shall I drop you off at the airport? **At** 2 pm.*
(À quelle heure faudrait-il que je te dépose à l'aéroport ?
À 14 heures.)

On est employé devant les dates, les jours ou les expressions désignant des jours.
Par exemple : *on Tuesday* (mardi), *on Thursdays* (les jeudis), *on my birthday* (le jour de mon anniversaire), *on Christmas Day* (le jour de Noël), etc.
Ex. : *She goes to the swimming-pool **on** Fridays.*
(Le vendredi, elle va à la piscine.)
*Everybody phoned me **on** my birthday.*
(Tout le monde m'a appelé le jour de mon anniversaire.)
*The last game is **on** Wednesday 8th.*
(Le dernier match aura lieu mercredi 8.)

In est employé :

• devant les mois et années ;

Ex. : *I was born **in** October.* (Je suis née en octobre.)

*Where were you **in** 1991?* (Où étais-tu en 1991 ?)

• pour faire référence à des périodes de la journée : *in the morning(s)* (le matin), *in the afternoon(s)* (l'après-midi), *in the evening(s)* (le soir) ; devant les saisons : *in spring* (au printemps), *in summer* (en été), *in autumn* (en automne), *in winter* (en hiver) ; pour faire référence à des périodes historiques : *in the Middle Ages* (au Moyen Âge), *in the 19th century* (au XIXe siècle), etc. ; dans les expressions *in the future* (à l'avenir), *in the past* (autrefois).

Ex. : *Life was very hard **in** the Middle Ages.*

(La vie était très difficile au Moyen Âge.)

*It is so hot **in** summer that we always have a nap **in** the afternoons.*

(Il fait tellement chaud en été que nous faisons toujours une sieste l'après-midi.)

Exception : *at night* (la nuit).

• pour indiquer quand une action va avoir lieu ou combien de temps prend une action.

Par exemple : *in a few minutes* (dans quelques minutes), *in three weeks/in three weeks' time* (dans trois semaines), *in a fortnight* (dans quinze jours), *in four hours* (dans quatre heures/en quatre heures), etc.

Ex. : ***In** five days we'll be on holidays.*

(Dans cinq jours nous serons en vacances.)

*I learnt Japanese **in** thirty hours.*

(J'ai appris le japonais en trente heures.)

Remarque

Lorsqu'une date comporte une référence à un jour, la seule préposition utilisée est ***on***, même si le jour est suivi du mois et/ou de l'année ou d'autres expressions précédées habituellement de ***in***.

Par exemple : *on Saturday morning* (samedi matin), *on 12 November 2005* (le 12 novembre 2005).

Attention :

Lorsque les expressions de temps sont précédées de ***next*** (prochain), ***last*** (dernier), ***this*** (ce, cette), ***every*** (chaque), on n'utilise plus ni ***at***, ni ***on***, ni ***in***.

Ex. : ***Last*** *Tuesday I went to bed at 2 o'clock in the morning.*
(Mardi dernier, je me suis couché à 2h du matin.)
Every *month I drive my mother to the hairdresser's.*
(Tous les mois je conduis ma mère chez le coiffeur.)

In time/on time

Les expressions ***in time*** et ***on time*** ont des sens sensiblement différents.

In time signifie qu'une action sera faite à temps, pour exprimer le contraire de « trop tard ».

Ex. : *Will you be home* ***in time*** *for dinner?*
(Rentreras-tu à temps pour le dîner ?)

On time se traduit par « à l'heure », par opposition à « en retard ».

Ex. : *In spite of the traffic jam, we arrived* ***on time.***
(Nous sommes arrivés à l'heure malgré les bouchons.)

D'autres expressions de temps

Outre ***at***, ***on***, et ***in***, il existe d'autres prépositions de temps répondant aux questions du type : « Quand/à quelle heure l'action a-t-elle eu/aura-t-elle lieu ? ».
Ces prépositions sont : ***by*** (au plus tard), ***during*** (pendant), ***before*** (avant), ***after*** (après), ***between*** (entre).

D'autre part, il existe des expressions temporelles qui répondent à la question « Combien de temps l'action a-t-elle/va-t-elle durer ? ».
Ces expressions sont : ***from... to*** (de… à), ***until/till*** (jusqu'à), ***for*** (pendant).

Voici leurs emplois :

- ***For*** décrit la durée d'une activité, alors que ***during*** décrit une période durant laquelle une autre activité a eu lieu, tout comme ***while*** (pendant que) qui est une conjonction.

  Ex. : *The conference call lasted* ***for*** *three hours.*
  (La conférence téléphonique a duré trois heures.)
  Supporters shout a lot ***during*** *a baseball game.* (Les supporters crient beaucoup pendant un match de baseball.)
  While *we were discussing the terms of the contract, we pointed out a few mistakes.* (Pendant que nous discutions les termes du contrat, nous avons relevé quelques erreurs.)

- ***Before*** et ***after*** peuvent s'utiliser soit comme conjonctions soit comme prépositions.

  Ex. : *Don't forget to switch off the light before you leave.*
  (N'oublie pas d'éteindre la lumière avant de partir.)
  I'll go back home ***after*** *the presentation.*
  (Je rentrerai à la maison après la présentation.)

• ***Between*** et ***from... to*** signalent toutes deux le début et la fin d'une action.

Ex. : *Mr Jones won't be available* ***between*** *March and May.*

(M. Jones ne sera pas libre entre mars et mai.)

I have a conflict ***from*** *4* ***to*** *6 pm.*

(J'ai un empêchement de 16 h à 18 h.)

• ***By*** signifie qu'une action aura lieu au plus tard à un certain moment dans le futur et ***until/till*** signifie qu'une action continue jusqu'à un certain moment dans le futur.

Ex. : *We have to make a decision* ***by*** *the end of February.*

(Nous devons prendre une décision au plus tard fin février.)

Brian will be on a business trip ***until*** *Friday.*

(Brian sera en voyage d'affaires jusqu'à vendredi.)

59 Les prépositions de lieu

Les prépositions de lieu sont de deux types : les prépositions de position et les prépositions de mouvement.

Les prépositions de position

Les prépositions de position sont : ***at***, ***in*** et ***on***.

At s'emploie :

• pour indiquer **le lieu précis** (bâtiment, lieu dans une ville ou un bâtiment, etc.) où l'action se déroule.

Par exemple : ***at the bus stop*** (à l'arrêt de bus), ***at the traffic lights*** (au feu), ***at the roundabout*** (au rond-point), ***at the crossroads*** (au carrefour), ***at the door*** (à la porte), ***at the window*** (à la fenêtre), ***at the reception*** (à l'accueil), ***at the hotel*** (à l'hôtel), etc. ;

Ex. : *Kelly works* ***at the Town Hall.***

(Kelly travaille à l'Hôtel de ville.)
My car has broken down ***at the roundabout****.*
(Ma voiture est tombée en panne au rond-point.)

- pour indiquer **chez qui** l'action se déroule ;
  Ex. : *He's* ***at*** *the doctor's.* (Il est chez le médecin.)
  Are the children ***at*** *home or* ***at*** *school?*
  (Les enfants sont-ils à la maison ou à l'école ?)

- dans des expressions telles que : ***at the bottom (of)/ at the top (of)/ at the end (of)***.
  Ex. : *Sign* ***at the bottom of*** *the page.*
  (Signez au bas de la page.)
  The bakery is ***at the end of*** *the street.*
  (La boulangerie est au bout de la rue.)

In s'emploie :

- devant les noms de villes, de pays et de continents ;
  Ex. : *I've lived* ***in*** *Lille for twenty years.*
  (J'habite Lille depuis vingt ans.)
  A lot of people like skiing ***in*** *Austria.*
  (Beaucoup de gens aiment skier en Autriche.)

- dans des expressions où *in* signifie « dans », « à l'intérieur de ».
  Par exemple : *in a building* (dans un bâtiment), *in a room* (dans une pièce), *in a box* (dans une boîte), *in a bag* (dans un sac), *in the city centre* (dans le centre-ville), *in the garden* (dans le jardin), *in the sea* (dans la mer), *in a river* (dans la rivière), etc.
  Ex. : *I like swimming :* ***in*** *the pool,* ***in*** *the sea,* ***in*** *the river.*
  (J'aime nager : dans la piscine, dans la mer, dans la rivière.)

*In summer I go hiking **in** the mountains.*
(L'été je fais de la randonnée en montagne.)
*Your wallet is **in** my bag.*
(Ton portefeuille est dans mon sac.)

Remarque

Pour les bâtiments, il est possible d'utiliser ***at*** ou ***in***. On utilise plus souvent ***at*** pour parler d'un événement qui y a lieu, et ***in*** pour parler du bâtiment lui-même.

Comparer les exemples suivants :

*We had dinner **at the hotel**.* (Nous avons dîné à l'hôtel.) Mais :
*Most of the rooms **in the hotel** have bathrooms.* (La plupart des chambres de l'hôtel possèdent une salle de bains.)

On s'emploie :

- dans des expressions où on signifie « sur » ;
  Par exemple : *on the floor* (sur le sol), *on the table* (sur la table), *on the wall* (sur le mur), *on a page* (sur une page), *on the picture* (sur la photo), *on a map* (sur une carte), *on a list* (sur une liste), *on the island* (sur l'île), etc.
  Ex. : *I can't see you **on** the picture.* (Je ne te vois pas sur la photo.)
  *Open your books **on** page eleven.* (Ouvrez vos livres page onze.)
  *The phone is **on** my desk.* (Le téléphone est sur mon bureau.)

- pour indiquer une position dans des expressions telles que ***on the ground/ first/ second floor***, etc. (au rez-de-chaussée, au premier/ deuxième étage, etc.) ou une direction : ***on the left/ right*** (sur la gauche/ droite), ***on the left-hand/ right-hand side*** (du côté gauche/ droit).
  Ex. : *The business center is **on** the 15th floor.*
  (Le centre d'affaires est au 15e étage.)

*In England they drive **on** the left.*
(En Angleterre, on conduit à gauche.)

D'autres prépositions de position

between (quand il n'y a que deux éléments)

Ex. : *He's sitting **between** Isabel and Sarah.*
(Il est assis entre Isabel and Sarah.)

among (quand il y a plus de deux éléments)

Ex. : *There were a lot of Brazilian businessmen **among** the participants.* (Il y avait beaucoup d'hommes d'affaires brésiliens parmi les participants.)

above

Ex. : *I'll hang your painting **above** the sofa.*
(Je vais accrocher ton tableau au-dessus du canapé.)

below, ***under***

Ex. : *The sun has just disappeared **below** the horizon.*
(Le soleil vient de disparaître au dessous de l'horizon.)

in front of

Ex. : *The meeting point is **in front of** platform two.*
(Le point de rencontre se situe devant le quai numéro 2.)

opposite

Ex. : *The post office is **opposite** the police station.*
(La poste est en face du poste de police.)

next to (lorsque deux éléments sont côte à côte)

Ex. : *Come and sit **next to** me.* (Viens t'asseoir près de moi.)

by, ***near*** (lorsque des éléments sont peu éloignés les uns des autres)

Ex. : *I like writing **by** the window.* (J'aime écrire près de la fenêtre.)
*We went camping **near** the river.* (Nous avons campé près de la rivière.)

Les prépositions de mouvement

Lorsqu'il y a un mouvement, les prépositions de position sont généralement remplacées par ***to*** ou ***into***.

On emploie ***to*** lorsqu'un verbe désigne un mouvement d'un lieu à un autre.

Ces verbes peuvent être les suivants : *go to* (aller à), *go back to* (revenir à), *come to* (venir à), *take to* (emmener à), *send to* (envoyer à), *return to* (retourner à), *drive to* (conduire à), *get to* (arriver à), etc.

Ex. : *Who shall I **send** this parcel **to**?*
(À qui veux-tu que j'envoie ce colis ?)
*I feel homesick. I'd like to **go back to** my home town.*
(J'ai le mal du pays. J'aimerais retourner chez moi.)

Exceptions :

- On dit ***get to*** mais ***arrive in*** lorsqu'il s'agit d'une ville et ***arrive at*** lorsqu'il s'agit d'autres endroits.

  Ex. : *When did they **arrive in** Buenos Aires?*
  (Quand sont-ils arrivés à Buenos aires ?)
  *They **arrived at** the concert/at the station just in time.*
  (Ils sont arrivés au concert/ à la gare juste à temps.)

- Avec ***home***, on n'emploie pas de préposition de mouvement. En effet, on dit : ***go home/ come home/ go back home/ get home/ arrive home*** (aller à la maison/ venir à la maison/rentrer à la maison/ arriver à la maison).

On emploie ***into*** pour désigner un mouvement depuis un lieu jusqu'à l'intérieur d'un autre.

Ex. : *A bird **flew into** my bedroom.*
(Un oiseau est entré dans ma chambre.)
*She **went into** the waiting room and sat down.*
(Elle est entrée dans la salle d'attente et s'est assise.)
*He had lost his keys and couldn't **get into** his car.*
(Il avait perdu ses clés et ne pouvait pas monter dans sa voiture.)

Onto est également possible, et rend compte d'un déplacement d'un lieu **sur** un autre.

Ex. : *The cat jumped **onto** the table.* (Le chat sauta sur la table.)

Le contraire de ***into*** est ***out of***.

Ex. : *He's just gone **out of** his boss's office.*
(Il vient de sortir du bureau de son patron.)
The children rushed out of the attic.
(Les enfants se précipitèrent hors du grenier.)

Exceptions :

Pour le bus, le train ou le bateau, on utilise ***on*** et ***off*** : ***get on the bus/the train/the plane*** (monter dans le bus/le train/l'avion), ***get off the bus/the train/the plane*** (descendre du bus/du train/de l'avion).

D'autres prépositions de mouvement

from… to

Ex. : *We walked **from** the stadium **to** the underground station.*
(Nous avons marché du stade à la station de métro.)

off

Ex. : *The books fell **off** the shelf.*
(Les livres sont tombés de l'étagère.)

up et ***down***

Ex. : *The lift is out of order. I have to walk **up** and **down** the stairs twice a day.* (L'ascenseur est en panne. Je dois monter et descendre les escaliers deux fois par jour.)

over

Ex. : *The thief jumped **over** the wall into the garden.*
(Le voleur a pénétré dans le jardin en sautant par-dessus le mur.)

through

Ex. : *The new bus lane will go **through** the park.*
(La nouvelle voie de bus traversera le parc.)

round

Ex. : *The ring goes **round** the town.*
(Le périphérique contourne la ville.)

along

Ex. : *Every evening I have a walk **along** the river.*
(Tous les soirs, je me promène le long de la rivière.)

across

Ex. : *The dog swam **across** the river.*
(Le chien a traversé la rivière à la nage.)

past

Ex. : *Turn right and walk past the newsagent.*
(Tourne à droite et passe devant le marchand de journaux.)

towards

Ex. : *Drive **towards** the wood and you'll see the lake.*
(Roulez vers le bois et vous verrez le lac.)

60 Les verbes à particule

Les verbes à particule, ou *phrasal verbs*, diffèrent des verbes suivis d'une préposition. En effet, dans le cas des verbes à particule, la préposition joue le rôle d'adverbe car elle modifie le sens du verbe.

Ex. : *give* (donner)/ *give up* (abandonner)

Ainsi, si elles ressemblent aux prépositions de temps et de lieu, les particules n'en ont toutefois pas le sens. Elles sont inséparables du verbe et forment un tout avec lui. Les principales particules sont : *about*, *away*, *back*, *down*, *in*, *out*, *off*, *on*, *over*, *round*, *through*, *up*.

Ex. : *There were toys **lying about** on the floor.*
(Il y avait des jouets éparpillés sur le sol.)
***Take off** your boots.* (Enlevez vos bottes.)
*She **turned out** to be a very faithful friend.*
(Elle se révéla être une amie fidèle.)
*I walked the customers **round** the factory.*
(J'ai fait visiter l'usine aux clients.)

La particule se place avant ou après le complément d'objet direct si c'est un nom et après le complément d'objet direct si c'est un pronom personnel ou démonstratif.

Ex. : *Throw **that** away!* (Jette ça !)
Parents never let down their children.
(Les enfants peuvent toujours compter sur leurs parents.)
*Don't forget to call **him** back tomorrow.*
(N'oubliez pas de le rappeler demain.)

LES VERBES IRRÉGULIERS

Les verbes irréguliers sont classés selon les particularités de leur conjugaison. Nous avons choisi de commencer par les verbes prenant des formes diverses, puis nous avons regroupé les verbes selon les ressemblances qui les unissaient, pour terminer par ceux dont le prétérit est régulier.

Infinitif	Prétérit	Participe passé	Traduction
be	*was/were*	*been*	être
do	*did*	*done*	faire
go	*went*	*gone*	aller
draw	*drew*	*drawn*	tirer, dessiner
lie	*lay*	*lain*	être étendu
run	*ran*	*run*	courir
see	*saw*	*seen*	voir
become	*became*	*become*	devenir
come	*came*	*come*	venir
beat	*beat*	*beaten*	battre
fall	*fell*	*fallen*	tomber
bite	*bit*	*bitten*	mordre
hide	*hid*	*hidden*	(se) cacher
eat	*ate*	*eaten*	manger
give	*gave*	*given*	donner
forbid	*forbade*	*forbidden*	interdire

Infinitif	Prétérit	Participe passé	Traduction
bear	*bore*	*borne*	supporter
swear	*swore*	*sworn*	jurer
wear	*wore*	*worn*	porter (vêtements)
blow	*blew*	*blown*	souffler
fly	*flew*	*flown*	voler
grow	*grew*	*grown*	grandir, pousser
know	*knew*	*known*	savoir, connaître
throw	*threw*	*thrown*	jeter, lancer
awake	*awoke*	*awoken*	(se) réveiller
break	*broke*	*broken*	briser, casser
choose	*chose*	*chosen*	choisir
forget	*forgot*	*forgotten*	oublier
freeze	*froze*	*frozen*	geler
speak	*spoke*	*spoken*	parler
steal	*stole*	*stolen*	voler, dérober
tread	*trod*	*trodden*	fouler aux pieds
wake	*woke*	*woken*	(se) réveiller
weave	*wove*	*woven*	tisser

Infinitif	Prétérit	Participe passé	Traduction
shake	*shook*	*shaken*	secouer
take	*took*	*taken*	prendre
drive	*drove*	*driven*	conduire
ride	*rode*	*ridden*	aller (à cheval, à vélo)
rise	*rose*	*risen*	s'élever, se lever
stride	*strode*	*stridden*	marcher à grands pas
strive	*strove*	*striven*	s'efforcer
write	*wrote*	*written*	écrire
build	*built*	*built*	bâtir
burn	*burnt*	*burnt*	brûler
get	*got*	*got*	obtenir, devenir, etc.
hang	*hung*	*hung*	pendre, accrocher
have	*had*	*had*	avoir
hear	*heard*	*heard*	entendre
hold	*held*	*held*	tenir
lay	*laid*	*laid*	poser à plat
lead	*led*	*led*	mener
leave	*left*	*left*	laisser, quitter
lose	*lost*	*lost*	perdre

Infinitif	Prétérit	Participe passé	Traduction
make	*made*	*made*	faire, fabriquer
spoil	*spoilt*	*spoilt*	gâcher, gâter
catch	*caught*	*caught*	attraper
teach	*taught*	*taught*	enseigner
pay	*paid*	*paid*	payer
say	*said*	*said*	dire, réciter
sell	*sold*	*sold*	vendre
tell	*told*	*told*	dire, raconter
shoot	*shot*	*shot*	tirer (arme à feu)
sit	*sat*	*sat*	être assis
spit	*spat*	*spat*	cracher
dwell	*dwelt*	*dwelt*	habiter
smell	*smelt*	*smelt*	sentir (odorat)
spell	*spelt*	*spelt*	épeler
slide	*slid*	*slid*	glisser
light	*lit*	*lit*	allumer, éclairer
spill	*spilt*	*spilt*	renverser (liquide)
stand	*stood*	*stood*	être debout
understand	*understood*	*understood*	comprendre
shine	*shone*	*shone*	briller
tear	*tore*	*torn*	déchirer
win	*won*	*won*	gagner

Infinitif	Prétérit	Participe passé	Traduction
bring	*brought*	*brought*	apporter, amener
buy	*bought*	*bought*	acheter
fight	*fought*	*fought*	combattre, se battre
seek	*sought*	*sought*	chercher
think	*thought*	*thought*	penser
bleed	*bled*	*bled*	saigner
breed	*bred*	*bred*	élever (bétail)
creep	*crept*	*crept*	ramper
feed	*fed*	*fed*	nourrir
feel	*felt*	*felt*	sentir, éprouver
flee	*fled*	*fled*	s'enfuir
keep	*kept*	*kept*	garder
kneel	*knelt*	*knelt*	s'agenouiller
meet	*met*	*met*	(se) rencontrer
sleep	*slept*	*slept*	dormir
speed	*sped*	*sped*	aller à toute vitesse
sweep	*swept*	*swept*	balayer
weep	*wept*	*wept*	pleurer

Infinitif	Prétérit	Participe passé	Traduction
bet	*bet*	*bet*	parier
bid	*bid*	*bid*	offrir (un prix)
burst	*burst*	*burst*	éclater
cast	*cast*	*cast*	jeter
cost	*cost*	*cost*	coûter
cut	*cut*	*cut*	couper
forecast	*forecast*	*forecast*	prévoir
hit	*hit*	*hit*	frapper, atteindre
hurt	*hurt*	*hurt*	blesser, faire mal
knit	*knit*	*knit*	tricoter
let	*let*	*let*	laisser, permettre
put	*put*	*put*	mettre
quit	*quit*	*quit*	cesser (de)
read	*read*	*read*	lire
rid	*rid*	*rid*	débarrasser
set	*set*	*set*	fixer
shed	*shed*	*shed*	verser (larmes, sang)
shut	*shut*	*shut*	fermer
slit	*slit*	*slit*	fendre, inciser
split	*split*	*split*	fendre, partager
spread	*spread*	*spread*	étendre, répandre

Infinitif	Prétérit	Participe passé	Traduction
bind	*bound*	*bound*	lier, relier
find	*found*	*found*	trouver
grind	*ground*	*ground*	moudre
wind	*wound*	*wound*	enrouler
cling	*clung*	*clung*	s'accrocher
dig	*dug*	*dug*	creuser
fling	*flung*	*flung*	jeter violemment
sling	*slung*	*slung*	lancer (avec force)
slink	*slunk*	*slunk*	aller furtivement
stick	*stuck*	*stuck*	coller
sting	*stung*	*stung*	piquer (insectes)
strike	*struck*	*struck*	frapper
string	*strung*	*strung*	enfiler, tendre (corde)
swing	*swung*	*swung*	se balancer
wring	*wrung*	*wrung*	tordre

Infinitif	Prétérit	Participe passé	Traduction
deal	*dealt*	*dealt*	distribuer
dream	*dreamt*	*dreamt*	rêver
lean	*leant*	*leant*	s'appuyer
leap	*leapt*	*leapt*	sauter
learn	*learnt, learned*	*learnt, learned*	apprendre
mean	*meant*	*meant*	signifier
bend	*bent*	*bent*	(se) courber
lend	*lent*	*lent*	prêter
send	*sent*	*sent*	envoyer
spend	*spent*	*spent*	dépenser
begin	*began*	*begun*	commencer
drink	*drank*	*drunk*	boire
ring	*rang*	*rung*	sonner
shrink	*shrank*	*shrunk*	rétrécir
sing	*sang*	*sung*	chanter
sink	*sank*	*sunk*	sombrer, couler
spring	*sprang*	*sprung*	jaillir, bondir
stink	*stank*	*stunk*	puer
swim	*swam*	*swum*	nager

Infinitif	Prétérit	Participe passé	Traduction
mow	*mowed*	*mown*	faucher
saw	*sawed*	*sawn*	scier
sew	*sewed*	*sewn*	coudre
show	*showed*	*shown*	montrer
sow	*sowed*	*sown*	semer
strew	*strewed*	*strewn*	joncher
swell	*swelled*	*swollen*	enfler

LEXIQUE ET GUIDE DES EXPRESSIONS DE LA VIE COURANTE

1 *Family life* : la famille

an adult : un adulte

a baby : un bébé

a boy : un garçon

a child/children : un enfant/des enfants

a couple : un couple

the forefathers : les ancêtres

a girl : une fille

a grown-up : un adulte

a home : un foyer

the in-laws : la belle-famille

a man/men : un homme/des hommes

a marriage : un mariage

the parents : les parents

a relative : un parent/une parente

a teenager : un adolescent

a wedding : une noce

a widow : une veuve

a widower : un veuf

a woman/women : une femme/des femmes

The close family : la famille proche

a brother : un frère

a daughter : une fille

a father : un père

a husband : un mari

a mother : une mère

a sister : une sœur

a son : un fils
a wife : une épouse

The relatives : les parents
an aunt : une tante
a cousin : un cousin/une cousine
a brother/daughter/father/mother/sister/son-in-law : un beau-frère/une bru/un beau-père/une belle-mère/une belle-sœur/un gendre
the grand-father/mother/sister/son : le grand père/la grand-mère/la petite-fille/le petit-fils
a half-brother/sister : un demi-frère/une demi-sœur
a nephew : un neveu
a niece : une nièce
a stepdaughter/father/son/mother : une belle-fille/un beau-père/ un beau-fils/une belle-mère (second mariage)
an uncle : un oncle

Expressions
to be a widow/a widower : être veuve/veuf
to break up : se séparer
to divorce : divorcer
to fall in love : tomber amoureux
to bring up : élever un enfant
to be descended : descendre de
to be married : être marié
to marry : se marier
to be related : être apparenté
to set home : fonder une famille

2 *The house* : la maison

The people : les personnes

an estate agent : un agent immobilier

a landlord/lady : un/une propriétaire

a lease : un bail

a tenant : un locataire

Housing : le logement

an apartment/a flat : un appartement

a building : un bâtiment

a cottage : une petite maison (à la campagne)

a country-house : un manoir

a detached house : une maison indépendante

an estate : un domaine, un lotissement

a semi-detached house : une maison mitoyenne

a sky-scraper : un gratte-ciel

Rooms in the house : les pièces de la maison

the attic : le grenier

the bathroom : la salle de bains

the bedroom : la chambre

the ceiling : le plafond

the cellar : la cave

the corridor : le couloir

the dining room : la salle à manger

a door : une porte

downstairs/upstairs : en bas/en haut

a floor (ground floor/first floor) : un étage (rez-de-chaussée/ premier étage)

the garage : le garage
the garden : le jardin
the hall : l'entrée
the kitchen : la cuisine
the living-room : le salon
the stairs : l'escalier
the study : le bureau
the toilet : les toilettes
a window : une fenêtre

Furniture/pieces of furniture : les meubles

an armchair : un fauteuil
a bed (single/double), twin beds : un lit (une personne/ deux personnes), lits jumeaux
a bookcase : une bibliothèque
a carpet : un tapis/ de la moquette
a curtain : un rideau
a chair : une chaise
a chest of drawers : une commode
a cupboard : un placard
a shelf/shelves : une/ des étagère(s)
a sink : un évier
a sofa : un canapé
a table : une table
a wardrobe : une penderie
a wash-basin : un lavabo

Adjectives

cosy : douillet

furnished : meublé

gorgeous : somptueux

lovely : joli

tidy : rangé

Expressions

to be at home : être à la maison

to build : construire

to collapse : s'effondrer

to have a house built : faire construire une maison

to let : louer (pour un propriétaire)

to rent : louer (pour un locataire)

3 *Clothes* : les vêtements

The garments : les vêtements

a bag : un sac
a belt : une ceinture
a blouse : un chemisier
boots : des bottes
a coat : un manteau
a dress : une robe
gloves : des gants
a handkerchief : un mouchoir
a hat : un chapeau
a jacket : une veste
pyjamas : un pyjama
a raincoat : un imperméable
a scarf : une écharpe
a shirt : une chemise
a skirt : une jupe
shoes : des chaussures
socks : des chaussettes
a tie : une cravate
tights : des collants
trousers : un pantalon
an umbrella : un parapluie
a sweater : un chandail
a raincoat : un imperméable
underwear : des sous-vêtements

Material : la matière/le tissu

cotton : coton
leather : cuir
linen : lin
nylon : nylon
silk : soie
wool : laine

Adjectives

loose : ample
out of fashion : démodé
plain : uni
smart : coquet
tasteful/tasteless : de bon goût/de mauvais goût
tight : serré
well-dressed, badly-dressed : bien habillé, mal habillé
worn out : usé

Expressions

to be in fashion/to be fashionable : être à la mode
to get dressed : s'habiller
to put on : mettre, enfiler
to sew : coudre
to try on : essayer
to undress : se déshabiller
to wear : porter
Would you like to try it on? : Voulez-vous l'essayer ?
Does it fit you? : Est-ce-qu'il vous va ?
What size are you? : Quelle taille faites-vous ?

4 *Feelings* : les sentiments

anger : la colère
anxiety : l'anxiété
concern : l'inquiétude
contempt : le mépris
disappointment : la déception
fear : la crainte
friendship : l'amitié
happiness : le bonheur
hate : la haine
hope : l'espoir
joy : la joie
laughter : le rire
pain : la douleur
pride : l'orgueil
regret : le regret
remorse : le remords
sadness : la tristesse
trust : la confiance
worry : l'inquiétude

Adjectives

anxious : inquiet
happy : heureux
kind : gentil
lazy : paresseux
miserable : malheureux
reliable : fiable
rude : grossier

selfish : égoïste
shy : timide
stubborn : têtu
surprised : surpris
sensible : raisonnable
sensitive : sensible

Expressions

to be in a good/bad mood : être de bonne/mauvaise humeur
to care about : se soucier de
to cry : pleurer
to enjoy : apprécier
to be fond of + -ing : apprécier, bien aimer
to be keen on + -ing : apprécier (moins fort que *to be fond of*)
to dislike : ne pas aimer
to hate : haïr
to hurt someone's feelings : blesser quelqu'un
to like : aimer (moins fort que *love*)
to love : aimer
to spoil : gâter
to suffer : souffrir
to upset : contrarier

I don't like it at all. : Je ne l'aime pas du tout.
I quite like him. : Je l'aime assez.

5 *Describing* : décrire

appearance : l'apparence
big : grand
deep : profond
high : haut
huge : gigantesque
low : bas
narrow : étroit
shallow : peu profond
small : petit
thick : épais
thin : fin, mince
tiny : minuscule

Colours : les couleurs

black : noir
blue : bleu
brown : marron
dark blue : bleu foncé
green : vert
grey : gris
light blue : bleu clair
navy blue : bleu marine
orange : orange
pink : rose
purple : violet
red : rouge
white : blanc
yellow : jaune

Shape : la forme

rectangular : rectangulaire

round : rond

square : carré

triangular : triangulaire

Describing a picture : décrire une photo

at the bottom : en bas

at the top : en haut

in the background : à l'arrière-plan

in the foreground : au premier plan

on the left : à gauche

on the right : à droite

on the top right : en haut à droite

on the top left : en haut à gauche

there is + singular, there are + plural : il y a

In the background I can see Big Ben. I think this picture is taken in London. : À l'arrière-plan, je vois Big Ben. Je pense que la photo est prise à Londres.

6 *Food and drinks* : nourriture et boissons

cheese : fromage
coffee : café
an egg : un œuf
flour : farine
garlic : ail
honey : miel
jam : confiture
juice : jus de fruits
ice-cream : glace
lemonade : citronnade
marmelade : confiture d'agrumes
milk : lait
mint : menthe
onion : oignon
pasta : pâtes
pepper : poivre
rice : riz
salt : sel
sugar : sucre
sweets : des bonbons
tea : thé
fizzy/mineral water : eau gazeuse/minérale
wine : vin

Meat : la viande

beef : bœuf
chicken : poulet
duck : canard

guinea-fowl : pintade
halal meat : la viande hallal
lamb : agneau
turkey : dinde

Fish : le poisson
seafood : les fruits de mer
salmon : saumon
sardine : une sardine
shrimps : des crevettes
tuna : thon

Vegetables : les légumes
beans : des haricots verts
a cabbage : un chou
a carrot : une carotte
a cucumber : un concombre
a leek : un poireau
a lettuce : une laitue
a pea : un petit pois
a potato : une pomme de terre
a pumpkin : un potiron
a tomato : une tomate

Fruits : les fruits
an apple : une pomme
an apricot : un abricot
a banana : une banane
a fig : une figue

a grapefruit : un pamplemousse
an olive : une olive
an orange : une orange
a peach : une pêche
a pineapple : un ananas
a strawberry : une fraise

Adjectives
fresh : frais
juicy : juteux
ripe : mûr

Expressions
to be hungry : avoir faim
to be thirsty : avoir soif

Could you pass me...? : Pouvez-vous me passer... ?
Help yourself : Servez-vous

7 *The human body* : le corps humain

The face : le visage

the head : la tête

the beard : la barbe

the chin : le menton

the ear : l'oreille

the eye : l'œil

the forehead : le front

the hair : les cheveux

the lip : la lèvre

the mouth : la bouche

the neck : le cou

the nose : le nez

the tongue : la langue

the tooth/teeth : la/les dent(s)

The body and the limbs : le corps et les membres

the ankle : la cheville

the arm : le bras

the back : le dos

bald : chauve

the blood : le sang

the bone : l'os

the brain : le cerveau

the breast : la poitrine (d'une femme)

complexion : le teint

the finger : le doigt

the foot/feet : le(s) pied(s)

the hand : la main

the heart : le cœur
the leg : la jambe
the liver : le foie
the lung : le poumon
the neck : le cou
the kidney : le rein
the knee : le genou
the skin : la peau
the shoulder : l'épaule
the stomach : l'estomac
the toe : l'orteil
the throat : la gorge

Adjectives
beautiful : belle
blue-eyed : aux yeux bleus
curly : frisé
dark : brun
dark-brown hair : châtain foncé (pour les cheveux)
dark-haired : aux cheveux noirs
fair : blond
fat : gros
handsome : beau
light brown hair : châtain clair (pour les cheveux)
long : long
medium : moyen (taille)
oval : ovale (visage)
pointed : pointu
pretty : joli

red : roux

round : rond (visage)

short : petit (taille), court (cheveux)

skinny : maigre

slim : élancé

straight : raide

tall : grand

thin : mince

ugly : laid

wavy : ondulé

weak : faible

Expressions

to lose weight : perdre du poids

to put on weight : grossir

Who do you look like? À qui ressemblez-vous ?

I look like my mother. : Je ressemble à ma mère.

I am very tall. : Je suis très grand.

I am quite tall. : Je suis assez grand.

8 *Health matters* : la santé

Illnesses : les maladies

a blister : une ampoule, une cloque
a breakdown : une dépression
a bruise : une contusion
a cold : un rhume
a cough : la toux
death : la mort
an epidemic : une épidémie
fever : la fièvre
the flu : la grippe
hay-fever : un rhume des foins
a headache : un mal de tête
a heart disease : une maladie de cœur
the hooping cough : la coqueluche
an injection : une piqûre
an injury : une blessure
madness : la folie
the measles : la rougeole
medicine : un médicament
the mumps : les oreillons
a pain : une douleur
a pill : un cachet
the plague : la peste
a scar : une cicatrice
sickness : une maladie
a sore throat : un mal de gorge
a sprain : une foulure
a stomachache : un mal de ventre

a stroke : une attaque
a tablet : un cachet
a toothache : un mal de dents
a wound : une blessure
an X-ray : une radiographie

The people : les personnes

a chemist : un pharmacien
chemist's : la pharmacie
a dentist : un dentiste
a doctor : un médecin
a GP : un généraliste
an hospital : un hôpital
intensive care : les soins intensifs
an operation : une opération
a patient : un malade, un patient
a practice : un cabinet médical
a prescription : une ordonnance
the sick : les malades
a surgeon : un chirurgien
a treatment : un traitement

Adjectives

healthy : en bonne santé
ill : malade
mad : fou
sick : malade

Expressions

to be in good health : être en bonne santé

to be in pain : avoir mal

to bleed : saigner

to cough : tousser

to faint : s'évanouir

to feel sick : avoir la nausée

to have a cold : avoir un rhume

to have a headache/stomachache/toothache : avoir mal à la tête/au ventre/aux dents

to have a sore throat : avoir mal à la gorge

to hurt : blesser

to injure : blesser

to recover : guérir

9 *Time and greetings* : le temps et les salutations

The days of the week : les jours de la semaine (avec une majuscule en anglais)

Monday : lundi

Tuesday : mardi

Wednesday : mercredi

Thursday : jeudi

Friday : vendredi

Saturday : samedi

Sunday : dimanche

Time division : l'organisation du temps

the afternoon : l'après-midi

a century : un siècle

the day : la journée

the evening : le soir

midday : le midi

a month : un mois

the morning : le matin

the night : la nuit

a season : une saison

sunrise : l'aube

sunset : le crépuscule

today : aujourd'hui

tomorrow : demain

a term : un trimestre

a week : une semaine

a week-end : une fin de semaine

a year : une année
yesterday : hier

The months : les mois (avec une majuscule en anglais)
January : janvier
February : février
March : mars
April : avril
May : mai
June : juin
July : juillet
August : août
September : septembre
October : octobre
November : novembre
December : décembre

The seasons : les saisons
autumn : l'automne
spring : le printemps
summer : l'été
winter : l'hiver

Adjectives
daily : journalier, quotidien
monthly : mensuel
quarterly : trimestriel
weekly : hebdomadaire
yearly : annuel

Expressions

to begin : commencer
to finish : finir
to last : durer
to spend (time) : passer (du temps)
to waste one's time : perdre son temps

Good afternoon! : Bonne après-midi !
Good evening! : Bonsoir !
Good morning! : Bonjour !
Good night! : Bonne nuit !
Hello! : Bonjour !
Hi! : Salut!
How often? : Tous les combien ?
How many times? : Combien de fois ?
I have no time. : Je n'ai pas le temps.
Last Monday : lundi dernier
On Sunday : le dimanche
Once upon a time : il était une fois
See you later/soon : à plus tard/à bientôt

10 *Education* : l'éducation

The school material : le matériel scolaire

a book : un livre

a desk : un bureau

an eraser : une gomme

a note book : un cahier

a pen : un stylo

a pencil : un crayon

a rubber : une gomme

a ruler : une règle

a schoolbag : un cartable

scissors : des ciseaux

a sharpener : un taille-crayon

a table : une table

a whiteboard : un tableau blanc

School organization : l'organisation scolaire

a boarding school : un internat

a classmate : un camarade

detention : une retenue

an engineer school : une école d'ingénieurs

half-board : la demi- pension

a headmaster/headmistress : un directeur/directrice d'école

a mark : une note

a nursery school : une école maternelle

a pupil : un élève

a primary school : une école primaire

a report : un bulletin scolaire

a secondary school : un établissement d'enseignement secondaire (collège, lycée)
a student : un étudiant
a teacher : un professeur
a timetable : un emploi du temps
a university : une université

The subjects : les matières

A'levels (advanced levels) : équivalent du baccalauréat
arts : les arts plastiques
bachelor : une licence
English : l'anglais
French : le français
geography : la géographie
history : l'histoire
masters : une maîtrise
mathematics : les mathématiques
music : la musique
O'levels (Ordinary levels) : équivalent au Diplôme National du Brevet
PhD : un doctorat
PE : éducation sportive
physics/chemistry : la physique/chimie
Spanish : l'espagnol

Expressions

to congratulate : féliciter

to do one's homework : faire ses devoirs

to graduate : obtenir son diplôme de fin d'études

to learn : apprendre

to pass an exam : réussir un examen

to punish : punir

to take an exam : passer un examen

to teach : enseigner

to write : écrire

11 *At the office* : au bureau

The office : le bureau

an appointment : un rendez-vous/un entretien
the Board of Directors : le conseil d'administration
a chairman : le président du conseil d'administration
a clerk : un employé de bureau
a colleague : un collègue
a contract : un contrat
an executive : un cadre
a file : un dossier
hardware : le matériel informatique
a letter : une lettre
a mail : un message électronique
a manager : un directeur
a managing director : un directeur général
a meeting : une réunion
a message : un message
an office : un bureau (la pièce)
a secretary : une secrétaire
sofware : un logiciel
a switchboard operator : une standardiste
a waste-paper basket : une poubelle
a word-processor : un traitement de texte

On the phone : au téléphone

Could I speak to…? : Puis-je parler à… ?
Could you put me through to…? : Pouvez-vous me passer… ?
His line is engaged. : Sa ligne sonne occupée.
Hold the line please : Veuillez patienter s'il vous plaît

Who is speaking? : Qui est à l'appareil ?
Who shall I say is calling? : Qui dois-je annoncer ?

Writing a letter : écrire une lettre

Dear Sir/Madam : Cher monsieur/chère madame
I would be grateful if you could… : Je vous serais reconnaissant de…
I was wondering if… : Je me demandais si…
I very much would like… : Je souhaiterais…
Yours faithfully : Veuillez agréer mes salutations distinguées
Yours sincerely : Veuillez agréer mes meilleures salutations
Best regards : Cordialement

12 *Jobs* : les métiers

an employee : un employé
an employer : un employeur
the staff : le personnel
wages : un salaire

a baker : un boulanger
a bookseller : un libraire
a breeder : un éleveur
a butcher : un boucher
a carpenter : un charpentier
a chemist : un pharmacien
a delivery boy : un coursier
a dentist : un dentiste
a doctor : un médecin
an electrician : un électricien
a farmer : un agriculteur
a fisherman : un pêcheur
a jeweller : un bijoutier
a painter : un peintre
a pilot : un pilote
a plumber : un plombier
a shoemaker : un cordonnier
a shopkeeper : un commerçant
a teacher : un professeur

Expressions

to apply for a job : poser sa candidature

to look for a job : chercher un travail

to retire : prendre sa retraite

to work : travailler

to work full time/part time : travailler à temps plein/à temps partiel

***A job interview* : un entretien d'embauche**

What's your name? : Quel est votre nom ?

How old are you? : Quel âge avez-vous ?

What do you do in your spare time? : Quels sont vos loisirs ?

Would you be ready to start soon? : Êtes-vous prêt à commencer bientôt ?

When would you be available? : Quand seriez-vous disponible ?

Would you be ready to start early in the morning? : Seriez-vous prêts à commencer de bonne heure ?

Have you ever worked in…? : Avez-vous déjà travaillé dans… ?

What experience have you got? : Quelle expérience avez-vous ?

What are your skills? : Quels sont vos savoirs-faire ?

What are your strengths and your weaknesses? : Quels sont vos qualités et vos défauts ?

Why would you be the right person? : Pourquoi seriez-vous la bonne personne ?

Do you speak foreign languages? : Parlez-vous des langues étrangères ?

13 *Work and businesses* : travail et affaires

The people : les personnes

an apprentice : un apprenti
apprenticeship : l'apprentissage
a foreman : un contremaître
a skilled worker : un ouvrier spécialisé
a strike : une grève
the trade-unions : les syndicats
a trade-unionist : un syndicaliste
a trainee : un stagiaire
a trial period : une période d'essai
an unskilled worker : un ouvrier non qualifié
the workplace : le lieu de travail
a worker : un travailleur

The business organization : l'organisation

businesses : les affaires
bankruptcy : la faillite
business : les affaires
businessman/businesswoman : un homme/une femme d'affaires
a company : une société, une entreprise
costs : les frais
a factory : une usine
a failure : un échec
a firm : une entreprise
industry : l'industrie
an order : une commande
a product : un produit
profits : les bénéfices

the output : la production
the pay : le salaire
a success : une réussite
trade : le commerce
the wages : le salaire

Expressions
to export : exporter
to go into trade : faire du commerce
to go on strike : se mettre en grève
to go bankrupt : faire faillite
to import : importer
to set up a business : créer une entreprise

What line of business are you in? : Dans quel domaine travaillez-vous ?
How long have you been in business? : Depuis combien de temps êtes-vous dans les affaires ?

14 *Shops, buying and selling* : magasins, achats et vente

a bargain : une affaire
a customer : un client
a flea market : un marché aux puces
sales : les soldes
a shop assistant : un vendeur
goods : des marchandises

Types of shops : les types de magasins

a bakery : une boulangerie
a bookshop : une librairie
a butcher's : une boucherie
a chemist's : une pharmacie
a department store : un grand magasin
a flower shop : un fleuriste
a grocery : une épicerie
a hairdresser's : un salon de coiffure
a jeweller's : une bijouterie
a laundry : une blanchisserie
a newsagent : un magasin de journaux
a restaurant : un restaurant
a supermarket : un supermarché
a tobacconist's : un bureau de tabac
a travel agency : une agence de voyage

Adjectives

cheap : bon marché
expensive : cher

moderate : modéré
poor : pauvre
rich : riche
second-hand : d'occasion

Expressions
to bargain : marchander
to buy : acheter
to cost : coûter
to deliver : livrer
to go shopping : faire les courses
to order : commander
to pay : payer
to pay cash/by cheque/by credit card : payer en liquide/par chèque/par carte de crédit
to purchase : acheter
to sell : vendre

Can I pay cash or by cheque? : Puis-je payer en liquide ou par chèque ?
Can I help you? : Que puis-je faire pour vous ?
How much is it? : Combien cela coûte-t-il ?
How would you like to pay? : Comment voulez-vous payer ?
I am being served. : On s'occupe de moi.
I am looking for… : Je cherche…
I am sorry, we don't stock this item. : Désolé nous n'avons pas cet article en stock.
I'll take this one. : Je prendrai celui-ci.

15 *Nature* : la nature

Nature at large : la nature en général

the Earth : la Terre

an earthquake : un tremblement de terre

east : l'est

a continent : un continent

the land : la terre

landscape : le paysage

the moon : la lune

north : le nord

the pole : le pôle

the sky : le ciel

south : le sud

the sun : le soleil

west : l'ouest

The countryside : la campagne

a lake : un lac

mud : la boue

a river : une rivière

a valley : une vallée

a well : un puits

The mountain : la montagne

a hill : une colline

ice : la glace

a mountain : une montagne

snow : la neige

a summit : un sommet

The seaside : la mer

an harbour : un port
a beach : une plage
the coast : la côte
an island : une île
sand : le sable
the sea : la mer
the seashore : le rivage
a wave : une vague

The weather : le temps

fog : le brouillard
hail : la grêle
a hurricane : un ouragan
mist : la brume
rain : la pluie
a rainbow : un arc-en-ciel
shower : une averse
storm : tempête
temperature : la température
a weather forecast : un bulletin météorologique
wind : le vent

Adjectives

clear : clair
cloudy : nuageux
cold : froid
damp : humide
dry : sec

hot : chaud
mild : doux
misty : brumeux
rainy : pluvieux
sunny : ensoleillé

Expressions

to blow : souffler
to rain : pleuvoir
to snow : neiger

16 *The town* : la ville

The people : les personnes

a crowd : une foule
an inhabitant : un habitant
a neighbour : un voisin
a passer-by : un passant
a pedestrian : un piéton

The buildings : les bâtiments

a block : un pâté de maisons/d'immeubles
a bridge : un pont
a bus : un bus
a bus stop : un arrêt de bus
the capital city : la capitale
a car park : un parking
a church : une église
a city : une ville
a coach : un car
the corner : le coin
a dead end : une impasse
the law-courts : le palais de justice
a library : une bibliothèque
a market : un marché
the market place : la place du marché
a monument : un monument
a mosque : une mosquée
a museum : un musée
a neighbourhood : un quartier
an office block : un immeuble de bureaux

a one-way street : une rue à sens unique
outskirts : les faubourgs
a park : un parc
a pavement : un trottoir
a pedestrian crossing : un passage piéton
a post office : une poste
a road : une route
the rush hour : l'heure de pointe
a square : une place
a street : une rue
the suburbs : la banlieue
a taxi rank : une station de taxi
a telephone booth : une cabine téléphonique
a tower : une tour
a town : une ville
the town center : le centre-ville
the town hall : la mairie
a traffic jam : un embouteillage
traffic lights : des feux tricolores
a tube/underground station : une station de métro
a tunnel : un tunnel

Adjectives
lively : animé
modern : moderne
noisy : bruyant
old : ancien
quiet : tranquille

Expressions

to cross : traverser

to drive : conduire

to expand : s'étendre

to find one's way : trouver son chemin

to get lost : se perdre

to visit : visiter

to walk : marcher

Go straight on : Allez tout droit

Turn right/left : Tournez à droite/gauche

Walk on for 10 minutes : Continuez à marcher pendant 10 minutes.

What's the way to the station? : Comment se rend on à la gare ?

Where is the nearest underground station? : Où se trouve la station de métro la plus proche ?

17 *Travelling* : voyager

Travel : les voyages

abroad/overseas : à l'étranger

an airport : un aéroport

the arrival : l'arrivée

a booking office : un bureau de réservation

a bus station : une gare routière

a cruise : une croisière

customs : les douanes

a custom's officer : un douanier

the departure : le départ

duties : les taxes

a duty free shop : une boutique hors taxes

the fare : le prix du voyage

a flight : un vol

a journey : un voyage (long)

the hand luggage : les bagages à main

an identity card : une carte d'identité

the information desk/inquiry office : le bureau des renseignements

luggage : les bagages

a map : une carte, un plan

a passenger : un passager

a passport : un passeport

a platform : un quai

a railway station : une gare ferroviaire

registration : l'enregistrement

the registration desk : le bureau des enregistrements

a seat : un siège

a tour : un circuit

a tourist : un touriste

a travel agent's : un agent de voyages

a traveller : un voyageur

a trip : un voyage (court)

the waiting room : la salle d'attente

Means of transport : les moyens de transport

an airplane : un avion

a boat : un bateau

a carriage : un wagon

a compartment : un compartiment

the connection : la correspondance

a season ticket : une carte d'abonnement

a ship : un bateau

a single/return ticket : un aller simple/un aller-retour

a ticket : un billet

a train : un train

the underground : le métro

Expressions

to book : réserver

to change : changer

to declare : déclarer

to embark : embarquer

to go on holiday : partir en vacances

to land : atterrir

to leave : quitter

to make enquiries about : demander des renseignements

to return : revenir

to take off : décoller

to travel : voyager

to wait : attendre

18 *Hotels/restaurants* : Hôtels/restaurants

Meals : les repas

breakfast : le petit-déjeuner

dinner : le dîner

full board/half-board : pension complète/demi-pension

lunch : le déjeuner

supper : le soupe

today's specials : le plat du jour

Places and people : les lieux et personnes

accommodation : le logement

a bed and breakfast : une pension

the bill : l'addition

a café : un café (sans alcool)

a chef : un chef

a cook : un cuisinier

a dish : un plat (*recette*)

a three-star-hotel : un hôtel de trois étoiles

an inn : une auberge

a pub : un pub (où l'on sert de l'alcool)

the reception desk : la réception

a restaurant : un restaurant

a seaside resort : une station balnéaire

service included : service inclus
a single-bedded/double-bedded room : une chambre à un lit/ à deux lits
a tearoom : un salon de thé
a tip : un pourboire
a waiter/waitress : un serveur/une serveuse

Ustensils : les ustensiles
a bottle : une bouteille
a cup : une tasse (thé)
a fork : une fourchette
a frying pan : une poêle
a glass : un verre
a mug : une tasse (chocolat, café)
a pan : une casserole
a plate : une assiette
a spoon : une cuillère
a teapot : une théière
a teabag : un sachet de thé

Adjectives
delicious : délicieux
famous : célèbre
homely : cuisine familiale

Expressions
to have breakfast/lunch/dinner : prendre le petit-déjeuner/ déjeuner/dîner
to boil : bouillir

to book : réserver
to chop : couper en dés
to cook : cuire
to cut : couper
to eat : manger
to fill in a form : remplir un formulaire
to fry : frire
to grill : griller
to mix : mélanger
to order : commander
to roast : rôtir
to serve : servir
to taste : goûter

How would you like your meat? Rare, medium or well-done? : Quelle cuisson pour votre viande ? Bleue, saignante ou à point ?
Are you ready to order? : Êtes-vous prêt(s) à commander ?
Would you like to order? : Voulez-vous commander ?
What would you like as a starter/main course/dessert? : Que voulez-vous comme entrée/plat principal/dessert ?
Could we have the bill, please? : L'addition, s'il vous plaît !
How would you like to pay? Cash, cheque or credit card? : Comment voulez-vous payer ? Liquide, chèque ou carte de crédit ?

19 *Games and drama* : les jeux et le théâtre

Games : les jeux de société

the billiards : le billard

a board game : un jeu de société

a card : une carte

the chess : les échecs

crosswords : les mots croisés

the draughts : les dames

a game : un jeu

a lottery : une loterie

a pack of cards : un jeu de cartes

Drama, movies… : le théâtre, le cinéma

an act : un acte

an actor/an actress : un acteur/une actrice

an audience : un public

a ball : un bal

a box : une loge

a booking office : un bureau de réservation

a dance : une danse

a director : un metteur en scène

drama : le théâtre

a fancy dress party : un bal costumé

a first night : une première

a flop : un échec

a fun fair : une fête foraine

a hit : un succès

a performance : un spectacle

a play : une pièce de théâtre

a player : un joueur
the props : les accessoires
a review : une critique
the set : les décors
the stage : la scène
theatre : un théâtre

Adjectives
funny : amusant
diverting : divertissant
entertaining : distrayant

Expressions
to act : jouer
to entertain : distraire
to gamble : parier
to have fun : s'amuser
to play : jouer
to rehearse : répéter

Where would you like to sit? : Où voulez-vous vous installer ?
Have you made a reservation? : Avez-vous fait une réservation ?
Have you booked a seat? : Avez-vous réservé ?
What time does the show start ? : À quelle heure commence le spectacle ?

20 Sports : les sports

Type of sports : les types de sports

ball sports (baseball, basket-ball, volley-ball) : jeux de balle ou de ballon

the Olympic Games : les Jeux olympiques

outdoor/indoor games : jeux de plein air/d'intérieur

team games : jeux d'équipe

water sports : les sports nautiques

winter/summer sports : les jeux d'été/d'hiver

Sports organization : les manifestations sportives

a championship : un championnat

a competition : une compétition

a contest : un concours (avec des juges)

a cup : une coupe

a finale : une finale

a game : un jeu, un match de tennis

a goal : un but

a match : un match

a record : un record

training : l'entraînement

The people : les personnes

a coach : un entraîneur

a goal-keeper : un gardien de but

an onlooker : un spectateur

a player : un joueur

a referee : un arbitre (football et rugby)

a rugby fifteen : une équipe de rugby

a sportsman : un sportif
a team : une équipe
an umpire : un arbitre (cricket et tennis)

The places : les terrains de sport

a court : un court (sports avec raquettes)
the golf-links : un terrain de golf
a ground : un terrain (football, cricket, baseball)
a gymnasium : un gymnase
a pitch : un terrain (football ou cricket)
a stadium (stadiums) : un stade
a swimming-pool : une piscine

Sports : les sports

athletics : l'athlétisme
badminton : badminton, jeu de volant
cricket : le cricket
cyclism : le cyclisme
football : le football
a foot race : une course à pied
gymnasium sports : la gymnastique
roller-skating/ice-skating : le patinage à roulettes/sur glace
rugby : le rugby
running : la course
scuba diving : la plongée sous-marine
skiing : le ski
tennis/table-tennis : tennis/ping-pong
walking : la marche

Adjectives

disqualified : disqualifié
keen : passionné
successful : victorieux
tiring : fatigant

Expressions

to be in the lead : être en tête
to be in training : être à l'entraînement
to cheer : encourager
to exercise : faire de l'exercice
to go in for sports : être amateur de sport
to lead by 4 points to 2 : mener 4 à 2
to loose : perdre
to play : jouer
to practise : pratiquer
to ride a bike : faire du vélo
to score a goal : marquer un but
to set up the record : établir un record
to time : chronométrer
to win : gagner

What's the score? : Quel est le score ?
Get to your marks! Get set! : À vos marques ! Prêts !

TESTEZ-VOUS

Choisir la bonne réponse (a, b ou c). Pour certains énoncés, plusieurs réponses sont possibles.

La construction de la phrase

1. Camille tried to reach you twice yesterday afternoon. Where...?

- ❒ **a.** did you be
- ❒ **b.** were you
- ❒ **c.** was you

2. We appreciate people...

- ❒ **a.** which have some sense of humour.
- ❒ **b.** who have some sense of humour.
- ❒ **c.** whom have some sense of humour.

3. We appreciate people...

- ❒ **a.** whom sense of humour is subtle.
- ❒ **b.** which sense of humour is subtle.
- ❒ **c.** whose sense of humour is subtle.

4. Mary told me an hour ago... she wouldn't attend our meeting.

- ❒ **a.** Ø
- ❒ **b.** than
- ❒ **c.** that

5. "I love travelling." "..."

- ❒ **a.** So do I.
- ❒ **b.** Neither do I.
- ❒ **c.** I do!

6. "We went to Ireland last summer. But we have never been to Scotland." "..."

- ❐ **a.** So have we.
- ❐ **b.** Neither have we.
- ❐ **c.** Neither haven't we.

7. Muriel and Steven are expecting their guests at 8 this evening, ...?

- ❐ **a.** are they
- ❐ **b.** aren't they
- ❐ **c.** are Kate and Steve

8. Your husband works for an international company, ...?

- ❐ **a.** does he
- ❐ **b.** did he
- ❐ **c.** doesn't he

9. Don't walk on the grass, ...?

- ❐ **a.** do you
- ❐ **b.** don't you
- ❐ **c.** will you

10. I'm not very good at Japanese, so I can't read this word. What...?

- ❐ **a.** means it
- ❐ **b.** does mean it
- ❐ **c.** does it mean

11. How... is the forest from the motorway?

- ❐ **a.** long
- ❐ **b.** much
- ❐ **c.** far

12. "Have you got a map of the city?" "..."

❒ **a.** Yes, we do.

❒ **b.** Yes, we have.

❒ **c.** No, we haven't got.

13. I don't know how much...

❒ **a.** this pair of jeans costs.

❒ **b.** does this pair of jeans cost.

❒ **c.** costs this pair of jeans.

14. I wonder...

❒ **a.** whether there's going to be a storm.

❒ **b.** weather there's going to be a storm.

❒ **c.** if there's going to be a storm.

15. There... a post office, a clothes store and a bank in this street.

❒ **a.** is

❒ **b.** are

❒ **c.** were

16. This company is very badly run. How many strikes... so far?

❒ **a.** there have been

❒ **b.** there has been

❒ **c.** have there been

Le présent

17. What...? He's an engineer.

❒ **a.** does he

❒ **b.** does he do

❒ **c.** he does

18. Water... at 100 degrees Celsius.

❒ **a.** is boiling

❒ **b.** boils

❒ **c.** boil

19. What... you... about this new stadium?

❒ **a.** do/think

❒ **b.** are/think

❒ **c.** are/thinking

20. You can keep your sewing machine. I... it.

❒ **a.** 'm not needing

❒ **b.** don't need

❒ **c.** need not

21. ... a fishing rod?

❒ **a.** Do you have

❒ **b.** Have you

❒ **c.** Are you having

22. They usually... out on Sundays.

❒ **a.** eat

❒ **b.** are eating

❒ **c.** eats

23. I... my toiletries. Have you seen them?

- ❒ **a.** looking for
- ❒ **b.** look for
- ❒ **c.** 'm looking for

24. We'll go and buy the tickets while...

- ❒ **a.** you'll wait for us in the car.
- ❒ **b.** you wait for us in the car.
- ❒ **c.** you're waiting for us in the car.

25. I can't read. I ... my glasses.

- ❒ **a.** haven't
- ❒ **b.** don't have
- ❒ **c.** haven't got

26. "... the stars?" "No, it's too cloudy, I... them."

- ❒ **a.** Are you looking at/I'm not seeing
- ❒ **b.** Are you looking at/I don't see
- ❒ **c.** Do you look at/I don't see

27. How... today? You look better than yesterday, anyway.

- ❒ **a.** do you feel
- ❒ **b.** do you fell
- ❒ **c.** are you feeling

28. Their company... flags, which... all over the world.

- ❒ **a.** is making/sell
- ❒ **b.** makes/sell
- ❒ **c.** is making/are selling

29. Tina is never satisfied. She...

❒ **a.** 's often complaining.

❒ **b.** complains often.

❒ **c.** often complains.

30. Sacha... care of children. He's been babysitting for three years.

❒ **a.** used to taking

❒ **b.** is used to take

❒ **c.** is used to taking

Le passé

31. First, we took the Eurostar from Paris to London. Then we... from London to Dublin.

- ❐ **a.** stole
- ❐ **b.** flew
- ❐ **c.** rode

32. I... I had to say something.

- ❐ **a.** fell
- ❐ **b.** feel
- ❐ **c.** felt

33. I didn't watch the championship on TV. Has Johnson... the world record?

- ❐ **a.** break
- ❐ **b.** broke
- ❐ **c.** broken

34. These questions look difficult. How many mistakes... you... so far?

- ❐ **a.** have/made
- ❐ **b.** do/make
- ❐ **c.** did/make

35. I'm thinking about taking early retirement. I've been working here... such a long time!

- ❐ **a.** since
- ❐ **b.** for
- ❐ **c.** Ø

36. You haven't changed....

- ❒ **a.** since I last saw you.
- ❒ **b.** since I've last seen you.
- ❒ **c.** for I last saw you.

37.... you finished? Can I clean the board?

- ❒ **a.** Are
- ❒ **b.** Did
- ❒ **c.** Have

38. I'm afraid Anna is away. She... to Greece. Would you like to leave a message?

- ❒ **a.** has gone
- ❒ **b.** is gone
- ❒ **c.** has been

39. I... breakfast this morning when someone knocked at the door.

- ❒ **a.** 'm having
- ❒ **b.** was having
- ❒ **c.** had

40. I wish you... so far away from me. We could meet more often.

- ❒ **a.** didn't lived
- ❒ **b.** don't live
- ❒ **c.** didn't live

41. They... to go out with their friends when they were teenagers.

- ❒ **a.** use
- ❒ **b.** don't used
- ❒ **c.** didn't use

42. When we arrived, the porter wouldn't let us in because the show...

- ❒ **a.** already began.
- ❒ **b.** had already begun.
- ❒ **c.** had ever begun.

43. My back aches. I... all day.

- ❒ **a.** am gardening
- ❒ **b.** garden
- ❒ **c.** have been gardening

44. They got arrested by the police two days...

- ❒ **a.** yet.
- ❒ **b.** ago.
- ❒ **c.** later.

45. What... at the conference last week?

- ❒ **a.** were you wearing
- ❒ **b.** you were wearing
- ❒ **c.** wore you

46. Have you... seen a ghost?

- ❒ **a.** never
- ❒ **b.** ever
- ❒ **c.** recently

47. This artist is not very well-known. He hasn't sold any paintings...

- ❒ **a.** already.
- ❒ **b.** ever.
- ❒ **c.** yet.

L'avenir

48. This cupboard looks heavy. ... you with it.

❒ **a.** I'll help

❒ **b.** I help

❒ **c.** I'm helping

49. You're driving too fast! We... have an accident.

❒ **a.** are going to

❒ **b.** must

❒ **c.** will

50. What time... the skating rink...?

❒ **a.** will/open

❒ **b.** does/open

❒ **c.** is/opening

51. Look at this crowd! I think that the demonstration... begin.

❒ **a.** is about to

❒ **b.** is around to

❒ **c.** is going to

52. Next weekend, we... to our new flat.

❒ **a.** move

❒ **b.** are moving

❒ **c.** moved

53. The dishwasher... work. You should call the after-sales service.

❒ **a.** mustn't

❒ **b.** doesn't

❒ **c.** won't

54. ... you let me know when you arrive? I'll pick you up at the station.

❒ **a.** Do

❒ **b.** Have

❒ **c.** Will

55. Good afternoon. I... an appointment with Mrs Beckett at 4.30.

❒ **a.** 'll have

❒ **b.** 'm having

❒ **c.** have

56. The rooftop barbecue... at 8 pm. I hope it's not going to rain!

❒ **a.** begins

❒ **b.** is beginning

❒ **c.** begin

57. Although we had booked, there was no room available. I thought you... complain about that.

❒ **a.** will

❒ **b.** are going to

❒ **c.** were going to

L'impératif

58. Let's… happen again.

- ❒ **a.** that don't
- ❒ **b.** that not
- ❒ **c.** not that

59. … the dog sleep on the sofa.

- ❒ **a.** Let not
- ❒ **b.** Don't let
- ❒ **c.** Let's not

60. John, … the car, please!

- ❒ **a.** starts
- ❒ **b.** start
- ❒ **c.** started

61. … quiet!

- ❒ **a.** Be
- ❒ **b.** Let's be
- ❒ **c.** Let not be

62. Dinner is ready. … yourselves.

- ❒ **a.** Let's help
- ❒ **b.** Don't help
- ❒ **c.** Help

63. … forget who helped us.

- ❒ **a.** Let's not
- ❒ **b.** Will not
- ❒ **c.** Don't

64. ... the step, it's slippery.

❒ **a.** Mind

❒ **b.** Be careful

❒ **c.** Look

65. ... easy, everything will be all right.

❒ **a.** Don't take

❒ **b.** Take it

❒ **c.** It takes

La modalité

66. It might… . Shall we cancel the picnic?

- ❐ **a.** to rain
- ❐ **b.** rain
- ❐ **c.** raining

67. People… to eat in the library. It's forbidden.

- ❐ **a.** may
- ❐ **b.** can't
- ❐ **c.** aren't allowed

68. Mike… be here in a minute. He arrives at 9 o'clock every morning.

- ❐ **a.** might
- ❐ **b.** should
- ❐ **c.** could

69. Yesterday I… open the door and I broke my key.

- ❐ **a.** couldn't
- ❐ **b.** didn't manage to
- ❐ **c.** wasn't able to

70. I'm waiting for Marika. She… our appointment.

- ❐ **a.** must have forgotten
- ❐ **b.** must forget
- ❐ **c.** may have forgotten

71. … I use your cell? Mine has just been stolen.

- ❐ **a.** May
- ❐ **b.** Can
- ❐ **c.** Would

72. ... speak more loudly, please?

- ❒ **a.** Would you mind
- ❒ **b.** May you
- ❒ **c.** Could you

73. You... stay. You can go home now.

- ❒ **a.** mustn't
- ❒ b. don't need to
- ❒ **c.** don't have to

74. ... we take the tube or walk home?

- ❒ **a.** Might
- ❒ **b.** Shall
- ❒ **c.** Ought

75. I think we're lost! You... stop at a filling station and buy a map.

- ❒ **a.** should
- ❒ **b.** should to
- ❒ **c.** ought to

76. She... stop eating cakes. She... get sick.

- ❒ **a.** might/should
- ❒ **b.** must/won't
- ❒ **c.** should/might

77. Gabrielle's line is engaged ; she... be talking to her mother.

- ❒ **a.** has to
- ❒ **b.** must
- ❒ **c.** doesn't have to

78. If they want to go to Rome next year, they... save money.

❒ **a.** will have to

❒ **b.** will must

❒ **c.** will must to

79. It was hard work. You... me a hand!

❒ **a.** could give

❒ **b.** should give

❒ **c.** could have given

80. She's been coughing a lot recently ; she... smoke so much.

❒ **a.** must

❒ **b.** shouldn't

❒ **c.** couldn't

81. She is fond of astronomy. She... know.

❒ **a.** will

❒ **b.** should

❒ **c.** is able to

L'hypothèse

82. What would have happened if...?

- ❐ **a.** the Allies win the war
- ❐ **b.** the Allies won the war
- ❐ **c.** the Allies hadn't won the war

83. If we don't finish too late...

- ❐ **a.** we went to the cinema.
- ❐ **b.** we might go to the cinema.
- ❐ **c.** we would go to the cinema.

84. We won't be able to watch the sun eclipse...

- ❐ **a.** if we don't have special glasses.
- ❐ **b.** if we didn't have special glasses.
- ❐ **c.** if we had had special glasses.

85. What... you do if you... in my shoes?

- ❐ **a.** will/were
- ❐ **b.** would/were
- ❐ **c.** would/had been

86. I think that if they... in a big city, they... better job opportunities.

- ❐ **a.** would live/had
- ❐ **b.** live/would have
- ❐ **c.** lived/would have

87. She will have a day off... she has too much to do.

- ❐ **a.** when
- ❐ **b.** unless
- ❐ **c.** if

88. He's missed his flight. He wishes he... out earlier.

- ❒ **a.** would go
- ❒ **b.** has gone
- ❒ **c.** had gone

89. They... be happier if they spent more time together.

- ❒ **a.** might
- ❒ **b.** shall
- ❒ **c.** will

90. If you... too much alcohol, you... drunk.

- ❒ **a.** will drink/get
- ❒ **b.** drink/get
- ❒ **c.** drink/would get

91. Don't forget to call me... you land.

- ❒ **a.** if
- ❒ **b.** when
- ❒ **c.** as soon as

92. If he had made better promises, he... have been elected a second time.

- ❒ **a.** could
- ❒ **b.** will
- ❒ **c.** wouldn't

93. If you... you had to get up early, I...

- ❒ **a.** told me/would have woken you up.
- ❒ **b.** had told me/would wake you up.
- ❒ **c.** had told me/would have woken you up.

94. I wish you... keep lying to me!

❒ **a.** won't

❒ **b.** would

❒ **c.** wouldn't

Le passif

95. It will soon be... to smoke in parks.

❒ **a.** forbid

❒ **b.** forbidden

❒ **c.** forbade

96. When... the ball-point pen...?

❒ **a.** has/invented

❒ **b.** was/invented

❒ **c.** has/been invented

97. "Globish"... the international language.

❒ **a.** is become

❒ **b.** has become

❒ **c.** was become

98. Having... your email, you... it. Do you understand?

❒ **a.** written/must be sent

❒ **b.** written/must send

❒ **c.** wrote/must be sent

99. It... that all staff... on time.

❒ **a.** is recommending/arrive

❒ **b.** has recommended/arriving

❒ **c.** is recommended/arrive

100. Employees... the toys in a large factory in India.

❒ **a.** make

❒ **b.** are made

❒ **c.** made

101. A movie... in the Channel tunnel.

- ❒ **a.** is shooting
- ❒ **b.** is being shot
- ❒ **c.** shoots

102. No decision... before reaching an agreement.

- ❒ **a.** will made
- ❒ **b.** will make
- ❒ **c.** will be made

103. He... to be an easy-going person.

- ❒ **a.** is known
- ❒ **b.** was known
- ❒ **c.** is knowing

104. He... when he was five.

- ❒ **a.** was taught chess
- ❒ **b.** has been taught chess
- ❒ **c.** was taught to chess

105. A terrifying story...

- ❒ **a.** has been told them.
- ❒ **b.** has been them told.
- ❒ **c.** has been told to them.

106. This drug... to be harmful.

- ❒ **a.** is believed
- ❒ **b.** believes
- ❒ **c.** can

107. I can't use my office : it...

❒ **a.** was being painted.

❒ **b.** was painting.

❒ **c.** is being painted.

108. Holidays... everybody.

❒ **a.** enjoyed

❒ **b.** are enjoyed by

❒ **c.** are enjoying by

109. My great-grand-mother... born in 1903.

❒ **a.** has been

❒ **b.** is

❒ **c.** was

110. I thought the French... to be moaners.

❒ **a.** is know

❒ **b.** are known

❒ **c.** were known

Le discours indirect

111. The bell is broken, so she told... to knock at the door when we arrived.

❐ **a.** us

❐ **b.** we

❐ **c.** to us

112. They said they... be at... place by 11 pm. I hope they will be on time.

❐ **a.** won't/your

❐ **b.** wouldn't/your

❐ **c.** wouldn't/our

113. He wanted to know if... Spielberg's latest movie.

❐ **a.** we have seen

❐ **b.** we had seen

❐ **c.** had we seen

114. He... what Kevin's second name was.

❐ **a.** asked

❐ **b.** wondered

❐ **c.** warned

115. The policeman... stop throwing stones.

❐ **a.** ordered to them

❐ **b.** ordered them to

❐ **c.** ordered to them to

116. She said she had started playing the violin twenty years...

❒ **a.** before.

❒ **b.** ago.

❒ **c.** early.

117. The chairman pointed out that... items were not on the agenda.

❒ **a.** these

❒ **b.** this

❒ **c.** those

118. He answered that the meeting would be brought forward to...

❒ **a.** next week.

❒ **b.** the week before.

❒ **c.** the following week.

119. I ordered Jane... shout.

❒ **a.** she doesn't

❒ **b.** she mustn't

❒ **c.** not to

120. The customs officer asked... our backpacks and suitcases.

❒ **a.** we to open

❒ **b.** us open

❒ **c.** us to open

121. He... to have a very well-paid job. Why is he so mean then?

❒ **a.** is known

❒ **b.** says

❒ **c.** is said

122. You promised it... funny, but actually it's like watching paint dry!

❒ **a.** would be

❒ **b.** is going to be

❒ **c.** will be

123. He always answers that he... tied up. Do you think he tries to avoid spending time with me?

❒ **a.** would be

❒ **b.** is

❒ **c.** be

124. They're wondering if... another day.

❒ **a.** tomorrow will be

❒ **b.** the day after shall be

❒ **c.** the day after will be

Le nom et ses déterminants

125. My brother is...

❒ **a.** a cook.

❒ **b.**cook.

❒ **c.** the cook.

126. This singer knows how to speak to... teenagers, that's why he is so popular.

❒ **a.** the

❒ **b.** a

❒ **c.** Ø

127. ... is a very clever animal.

❒ **a.** Rat

❒ **b.** A rat

❒ **c.** The rat

128. Do you have any... about the merger?

❒ **a.** information

❒ **b.** informations

❒ **c.** news

129. Hurry up! I don't have...

❒ **a.** many times.

❒ **b.** a lot of times.

❒ **c.** much time.

130. "Can I have some sweets, please?" "Sure, but there are only... left."

❒ **a.** few

❒ **b.** little

❒ **c.** a few

131. We are still in Bordeaux. ... train has been cancelled.

❒ **a.** Our

❒ **b.** Ø

❒ **c.** Ours

132. Today is the... of December.

❒ **a.** thirty-one

❒ **b.** thirty-first

❒ **c.** thirty first

133. June is... month of the year.

❒ **a.** the six

❒ **b.** sixth

❒ **c.** the sixth

134. Is that... house?

❒ **a.** the Carters

❒ **b.** the Carters'

❒ **c.** the Carters's

135. Can you help me move...

❒ **a.** a furniture?

❒ **b.** the furniture?

❒ **c.** the furnitures?

136. This is... news.

- ❒ **a.** a very bad
- ❒ **b.** a very bad piece of
- ❒ **c.** very bad

137. This is an island! As a consequence, you can't reach it without... boat.

- ❒ **a.** a
- ❒ **b.** Ø
- ❒ **c.** some

138. ... wear very colourful clothes.

- ❒ **a.** The Indian
- ❒ **b.** Indians
- ❒ **c.** Indian

139. I hate... dogs! They are always barking at me.

- ❒ **a.** that
- ❒ **b.** those
- ❒ **c.** these

140. "Which plates did you choose?" "I chose..."

- ❒ **a.** that one.
- ❒ **b.** this one.
- ❒ **c.** these ones.

Les pronoms

141. My husband and... have two children.

- ❒ **a.** me
- ❒ **b.** I
- ❒ **c.** myself

142. Here comes Kate with...

- ❒ **a.** a friend of her.
- ❒ **b.** a friend of hers.
- ❒ **c.** one of hers friends.

143. She keeps speaking to...

- ❒ **a.** she.
- ❒ **b.** hers.
- ❒ **c.** herself.

144. I've never been to a rock concert, ... drives me mad!

- ❒ **a.** what
- ❒ **b.** which
- ❒ **c.** whom

145. Give that ball to the cat, please! It's...

- ❒ **a.** his.
- ❒ **b.** its.
- ❒ **c.** hers.

146. Jack will be ready in a minute. He's shaving...

- ❒ **a.** each other.
- ❒ **b.** himself.
- ❒ **c.** Ø

147. What time shall we... next week?

❒ **a.** meet

❒ **b.** meet ourselves

❒ **c.** meet them

148. My colleagues quarrel very often. They don't go on well with...

❒ **a.** themselves.

❒ **b.** one another.

❒ **c.** theirs.

149. I met Carol and she told me about her new job, ... very much.

❒ **a.** she enjoys

❒ **b.** that she enjoys it

❒ **c.** which she enjoys

150. I don't know... you mean. Could you expand on that point, please?

❒ **a.** that

❒ **b.** why

❒ **c.** what

151. Who is the student... bicycle you borrowed?

❒ **a.** which

❒ **b.** whom

❒ **c.** whose

152. Mrs Jones is the teacher... I like best, and I guess I'm her favourite student.

❒ **a.** whom

❒ **b.** Ø

❒ **c.** which

153. Are these socks... or...

❒ **a.** his/ yours?

❒ **b.** his/ your?

❒ **c.** him/ your?

154. This guy is...

❒ **a.** me.

❒ **b.** myself.

❒ **c.** mine.

Les adjectifs et les adverbes

155. When I saw her, Lucy was carrying a... suitcase.

❐ **a.** heavy brown leather

❐ **b.** heavy leather brown

❐ **c.** leather heavy brown

156. He is a very... child.

❐ **a.** alive

❐ **b.** living

❐ **c.** lively

157. Stop being rude... me! I can't stand that anymore!

❐ **a.** at

❐ **b.** to

❐ **c.** with

158. When he told me the piece of news, I was really...

❐ **a.** shocking.

❐ **b.** shocked.

❐ **c.** pleased.

159. ... find it difficult to find a job nowadays. Was it easier twenty years ago?

❐ **a.** The young

❐ **b.** The youngs

❐ **c.** Young people

160. She... to look happy, but she didn't manage to.

❐ **a.** tried hardly

❐ **b.** tried hard

❐ **c.** hardly tried

161. As far as profits are concerned, it has been an... half-year.

❒ **a.** extremely good

❒ **b.** extremely well

❒ **c.** extreme good

162. Although I... its bedroom, the baby woke up and didn't fall asleep again before dawn.

❒ **a.** entered very silently

❒ **b.** very silently entered

❒ **c.** silent entered

163. What is the... beautiful place... the world?

❒ **a.** more/in

❒ **b.** most/of

❒ **c.** most/in

164. Low cost flights are... but... comfortable.

❒ **a.** cheaper/more

❒ **b.** cheaper/less

❒ **c.** cheapest/more

165. Have you... tried bungee jumping? It's both frightening and terrific!

❒ **a.** still

❒ **b.** ever

❒ **c.** always

166. What's the matter? You... looked at me when you came back home.

- ❒ **a.** hardly
- ❒ **b.** quite
- ❒ **c.** already

167. We are twins, that's why my sister always buys the... clothes... mine.

- ❒ **a.** as/as
- ❒ **b.** same/than
- ❒ **c.** same/as

168. ... French students, English students have to wear a uniform.

- ❒ **a.** As
- ❒ **b.** Different from
- ❒ **c.** Unlike

169. ... you probably know, it is forbidden to keep a serpent at home.

- ❒ **a.** As
- ❒ **b.** Like
- ❒ **c.** If

170. This wasn't... lecture I've attended.

- ❒ **a.** the less boring
- ❒ **b.** the boringest
- ❒ **c.** the least boring

171. How could you imagine I would make this exercise... than you?

- ❒ **a.** slower
- ❒ **b.** less slow
- ❒ **c.** more slowly

172. This apple pie isn't... tasty... mine.

- ❒ **a.** as/as
- ❒ **b.** as/than
- ❒ **c.** so/as

173. My daughter isn't good at grammar. She... a lot of mistakes.

- ❒ **a.** always make
- ❒ **b.** 's always making
- ❒ **c.** 's always doing

La quantité

174. I've got... work for you. Are you available or shall I come back later?

❒ **a.** some

❒ **b.** no

❒ **c.** a

175. You've been throwing up all night. How... wine did you drink?

❒ **a.** much

❒ **b.** many

❒ **c.** many glasses of

176. ... do you need to finish writing this book?

❒ **a.** How much time

❒ **b.** How many times

❒ **c.** How long

177. Did you ask for... permission before riding his bike?

❒ **a.** the

❒ **b.** a

❒ **c.** Ø

178. ... explanation will do!

❒ **a.** Some

❒ **b.** Ø

❒ **c.** Any

179. ... them were taken on last week.

❒ **a.** Both

❒ **b.** Both of

❒ **c.** Most

180. The headmaster decided that... children would be given a yogurt for breakfast.

❒ **a.** Each

❒ **b.** Every

❒ **c.** All of the

181. ... contracts were written in Danish, so we had to hire a translator.

❒ **a.** The whole

❒ **b.** All the

❒ **c.** Most of

182. Her team reached... the objectives last year, so it's no use putting pressure on them now.

❒ **a.** every of

❒ **b.** each of

❒ **c.** every one of

183. One always needs... scissors.

❒ **a.** good pair of

❒ **b.** a good pair of

❒ **c.** good

184. ... has to do it....

- ❒ **a.** Somebody/somehow
- ❒ **b.** Someone/something
- ❒ **c.** Anything/somehow

185. There's too... time left to finish this report. Could we change the deadline?

- ❒ **a.** much
- ❒ **b.** little
- ❒ **c.** many

186. All these workers need is... hope, as well as... help from the Government.

- ❒ **a.** a little/some
- ❒ **b.** little/any
- ❒ **c.** a few/some

187. ... could tell me... about the new contract manager.

- ❒ **a.** Nobody/nothing
- ❒ **b.** Anybody/nothing
- ❒ **c.** Nobody/anything

188. ... shooting stars could be seen because of the clouds.

- ❒ **a.** Some
- ❒ **b.** None of the
- ❒ **c.** No

189. Why do you always put... make-up?

- ❒ **a.** too much
- ❒ **b.** enough
- ❒ **c.** so much

Les prépositions

190. We're flying... London next month.

❐ **a.** at

❐ **b.** in

❐ **c.** to

191. I'll do my best to bring back this book... time.

❐ **a.** at

❐ **b.** on

❐ **c.** in

192. You weren't supposed to arrive... the opera before us.

❐ **a.** to

❐ **b.** at

❐ **c.** in

193. Women are known to be able to do two things...

❐ **a.** in the same time.

❐ **b.** at the same time.

❐ **c.** on the same time.

194. Are you available... Tuesday morning?

❐ **a.** on

❐ **b.** in

❐ **c.** Ø

195. Are there any lifts... the clinic?

❐ **a.** at

❐ **b.** in

❐ **c.** into

196. Who is this red-haired girl... the picture?

❒ **a.** in

❒ **b.** over

❒ **c.** on

197. The door is locked. I can't go... here!

❒ **a.** in

❒ **b.** out

❒ **c.** out of

198. This vase is broken. You should throw...

❒ **a.** away it.

❒ **b.** it up.

❒ **c.** it away.

199. He looked shy, but he turned... to be a very funny man.

❒ **a.** right

❒ **b.** out

❒ **c.** in

200. Are they... a bus or... their car?

❒ **a.** on/in

❒ **b.** in/on

❒ **c.** onto/into

Corrigés

1. b, **2.** b, **3.** c, **4.** c, **5.** a, **6.** b, **7.** b, **8.** c, **9.** c, **10.** c, **11.** c, **12.** b, **13.** a, **14.** a, c, **15.** a, **16.** c, **17.** b, **18.** b, **19.** a, **20.** b, **21.** a, **22.** a, **23.** c, **24.** c, **25.** b, c, **26.** b, **27.** a, **28.** b, **29.** c, **30.** c, **31.** b, c, **32.** c, **33.** c, **34.** a, **35.** b, **36.** a, **37.** c, **38.** a, **39.** b, **40.** c, **41.** c, **42.** b, **43.** c, **44.** b, **45.** a, **46.** b, c, **47.** c, **48.** a, **49.** a, **50.** b, **51.** a, c, **52.** b, **53.** b, c, **54.** c, **55.** b, **56.** a, **57.** a, **58.** c, **59.** b, **60.** b, **61.** a, b, **62.** b, c, **63.** a, c, **64.** a, **65.** b, **66.** b, **67.** c, **68.** a, b, **69.** b, c, **70.** a, c, **71.** a, b, **72.** c, **73.** b, c, **74.** b, **75.** a, c, **76.** c, **77.** b, **78.** a, **79.** c, **80.** b, **81.** a, b, **82.** c, **83.** b, **84.** a, **85.** b, **86.** c, **87.** b, **88.** c, **89.** a, **90.** b, **91.** b, c, **92.** a, **93.** c, **94.** c, **95.** b, **96.** b, **97.** b, **98.** b, **99.** c, **100.** a, c, **101.** b, **102.** c, **103.** a, b, **104.** a, **105.** c, **106.** a, **107.** c, **108.** b, **109.** c, **110.** c, **111.** a, **112.** b, c, **113.** b, **114.** a, b, **115.** b, **116.** a, **117.** c, **118.** b, **119.** c, **120.** c, **121.** a, c, **122.** a, **123.** b, **124.** a, **125.** a, **126.** c, **127.** c, **128.** a, c, **129.** c, **130.** c, **131.** a, **132.** b, **133.** c, **134.** b, **135.** b, **136.** c, **137.** a, **138.** b, **139.** b, **140.** c, **141.** b, **142.** b, **143.** c, **144.** b, **145.** b, **146.** c, **147.** a, c, **148.** b, **149.** c, **150.** c, **151.** c, **152.** a, b, **153.** a, **154.** c, **155.** a , **156.** c, **157.** b, **158.** b, c, **159.** a, c, **160.** b, **161.** a, **162.** a, **163.** c, **164.** b, **165.** b, **166.** a, **167.** c, **168.** c, **169.** a, **170.** c, **171.** c, **172.** a, c, **173.** a, b, **174.** a, b, **175.** a, c, **176.** a, c, **177.** c, **178.** c, **179.** b, **180.** c, **181.** b, **182.** b, c, **183.** b, c, **184.** a, **185.** b, **186.** a, **187.** c, **188.** b, c, **189.** a, c, **190.** c, **191.** c, **192.** b, **193.** b, **194.** a, **195.** b, **196.** c, **197.** c, **198.** c, **199.** b, **200.** a

INDEX